KB268978

우리는
행복 바이러스를 **꿈꾼다**

한국경제신문

"우리에겐 한 명의 상사만 존재한다. 그 이름은 고객이다!"

월마트 창업자 샘 월튼 회장의 이 말이 더 이상 설명이 필요 없을 정도로 우리는 지금 고객 중심 사회에서 살고 있습니다.

이는 고객의 선택을 받지 못하는 기업은 경쟁력을 상실한 채 더 이상 시장에서 살아남을 수 없다는 무서운 말일 수도 있지만, 고객으로부터 사랑받고 선택받는 기업은 경쟁력을 가지고 더욱 성장할 수 있다는 것을 의미하기도 합니다.

국내 민간기업이 고객만족을 통한 경쟁력 확보에 주력하고 있는 지금, 참여정부는 이러한 사회 변화를 적극 수용하고 이끌어가기 위해 고객 중심의 성과관리를 중요한 혁신 방향으로 설정해서 추진하고 있습니다. 이 같은 정부의 방향을 실천하기 위해 행정자치부에서는 중앙정부로서는 최초로 2005년 고객만족 행정팀을 신설하고 적극적인 실천 활동을 전개하여 짧은 시간 동안 괄목할 만한 성과를 이루어냈습니다.

많은 국민들이 공무원에 대해 '고압적이다', '복지부동하다'는 등의 부정적 인식을 갖고 있었는데, 공직사회에서 고객만족이라는 개념을 받아들여 마인드 혁신, 행정 시스템 정비, 실천과제 이행 등의 일이 이뤄지고 있는 점은 매우 의미 있는 일이라고 생각됩니다. 그리고 국민이 체감할 수 있는 많은 변화를 이끌어내어 그런 긍정적인 변화와 사례들이 한 권의 사례집이 될 수 있을 만큼 모였다는 것이 매우 고무적인 현상으로 보입니다.

여기에 제시되는 하나하나의 사례들은 고객접점에서의 개선 활동과 고객만족을 위한 제도개선 등 각 기관과 구성원들이 앞으로 나아가야 할 방향을 세우는 데 필요한 이정표 역할을 할 것이라고 생각합니다. 아무쪼록 이러한 변화가 고객만족 행정을 한 단계 업그레이드시키는 초석이 되어 성공사례들이 지속적으로 발전되고 확대될 수 있기를 바랍니다.

끝으로 《우리는 행복 바이러스를 꿈꾼다》 발간을 위해 노력해 주신 모든 분들께 감사와 찬사를 보냅니다.

한국고객만족경영학회 회장

박 내 회

차례 ● ● ● CONTENTS

행복 듬뿍 | 국민 체험 수기
PART 2

부처별 우수 사례

PART 3

CHAPTER 1　당신을 가장 먼저 생각합니다

CHAPTER 4   당신의 불만이 바로 정답입니다

PART 1

정성 가득 | 공무원 체험 수기

민원인의 아픔이 내 목에 가시가 되어
양도소득세 취소에 관한 기막힌 사연

"부친 사망 당시 14세였던 버림받은 딸에게 무슨 법을 지켜야 한다고 강요할 수 있습니까? 재산권을 행사한 적도, 상속재산의 양도로 얻은 소득도 없는 그 딸, 장애아동을 돌봄으로써 이 사회에 어려운 일을 담당할 소중한 인재의 앞길을 막는 것이 과연 온당한 일입니까?"

2005년 1월 어느 날, 칠순의 할머니가 국민고충처리위원회를 방문했다. 그 할머니는 딸의 억울함을 풀어달라고 장시간 눈물로 호소함으로써 기막힌 사연의 민원이 접수되었다. 할머니의 고함에 당황하기도 하고 귀가 따갑기도 했지만 소설에서나 볼 수 있었던 사연을 들으면서 그 모녀가 겪은 어려운 세월을 상상할 수 있었다. 이야기를 들으며 놀라기도 하고 혀를 차기도 하면서, 나 역시 한편으로는 함께 눈물을 흘렸다.

할머니는 마치 막걸리에 절은 듯 목이 쉰 음성으로 분노에 가득 차 고함을 치다가 설움에 겨워 흐느끼기를 반복하며 얼기설기 이야기를 쏟아냈다.

서글픈 운명을 타고난 딸

올해 나이 37세인 딸은 1960~70년대 대기업 회장인 문○○의 혼외자였다. 그러나 불행히도 할머니가 딸을 임신하고 있었을 때 버림받고 말았다. 이 딸을 낳기 전에도 아이를 낳지 말라는 문회장의 말에 여러 번 인공유산을 거듭했었는데, 또 유산하면 생명이 위독하다는 의사의 경고를 듣고 어쩔 수 없이 낳은 딸이었다. 할머니는 딸을 낳은 후 살아가기가 너무 어려웠다. 결국 아이를 부친에게 주고 살길을 찾을 양으로 하루는 아이를 업고 아이의 아버지가 살고 있는 성북동엘 찾아갔다. 하지만 그 집 식구들의 싸늘하고 살벌한 분위기에 '여기에 아이를 두었다간 죽이겠구나' 하는 공포를 느껴 그냥 되돌아나왔다.

그 후 할머니는 딸이 아버지 성을 받아 시집이라도 옳게 갈 수 있도록 하기 위해 인지소송을 제기했고, 다행히 부친의 호적에 올릴 수 있었다(그러나 후에는 불행한 일이 되었다). 그리고 이듬해 문회장이 사망했다. 그러나 할머니는 그 사실을 까마득히 몰랐다. 물론 사망한 부친에게서 재산을 단 한 푼 물려받은 것도 아니었다. 오히려 상속을 포기해야 했는데, 사망 사실조차 몰랐으니….

그런데 딸 앞으로 영문도 모르는 세금이 나왔다. 부친의 물려받은 재산에 대한 양도소득세와 주민세로 무려 4억 원이나 되는 세금이 나온 것이다. 부친으로부터 유산은커녕 우유 한 통도 못 얻어먹고 자랐는데, 얼굴도 모르는 아버지 때문에 4억 원이나 되는 세금을 내라니….

더욱 불행한 일은 딸이 그 동안 장애아동을 가르치는 교사로 일하고 있었는데, 봉급이 압류되어 버린 것이다. 게다가 세금을 내지 못해 신용불량자로 전락해 버렸다. 딸은 그 바람에 직장도 그만두게 되었고 성하지도 않은 몸을 이끌고 집을 나가버렸다. 할머니는 딸에게 너무나 미안한 마음이 들었다. 어려서부터 고생시킨 것도 모자라 갑자기 이런 황당한 일을 당하게 했으니 어머니로서 차마 얼굴을 들 수가 없었다. 딸이 부친에게서 1원 한 장 받은 적 없고, 지금까지 결혼도 하지 않은데다가 그나마 직장마저 잃게 했으니…. 할머니는 "제발 나의 이 억울함을 풀어줘서 우리 모녀가 편안히 살게 해달라"며 우리 위원회에 부탁했다.

한 푼도 받지 못한 재산에 대한 엄청난 세금

나는 우선 세금을 부과한 피신청인(관할세무서)으로부터 세금 부과에 관한 자료와 민원 주장에 대한 의견을 제출받아 신청인(문양)에게 양도소득세가 고지된 원인을 검토했다.

문양은 1969년 1월에 출생해 1977년 4월 생모 최씨의 자로 출생신고되었다가, 1982년 서울가정법원의 인지심판에 따라 생부 문○○의 자로 입적(당시 신청인의 나이 13세)되었다. 1983년 아버지가 사망하자 문○○의 처와 문양을 포함한 나머지 자녀 4인이 재산을 공동상속하게 되었으나, 상속인 중 처와 자녀 3인이 1984년 상속을 포기함으로써 서울 소재 주택과 업무용 빌딩, 토지 등 11건 부동산의 60% 지분이 장남에게, 40% 지분이 문양에게 각각 상속되었다. 이에 세무서는 문양이 양도소득세를 신고하지 아니한 것에 대해 기준시가에 따라 양도소득세 3억 2,500만 원과 농어촌특별세 800만 원을 고지했다. 게다가 시장은 양도소득세에 따른 주민세 3,200만 원을 고지했다. 그러나 세금이 체납되자 문양은 신용불량자가 되었고, 시장이 주민세를 징수하고자 문양의 급여를 압류했다.

또한 상속인들의 주소 이동 내역을 조사해 보니 문양을 제외한 다른 상속인 5인은 상속이 개시된 이후까지 함께 살았으며, 문양은 상속재산에 대한 재산권을 행사한 적이 없는 것으로 밝혀졌다. 물론 상속재산의 양도로 인한 소득도 전혀 없었다. 그러나 문양이 한정승인이나 상속포기를 하지 않은 채 상속이 개시된 때로부터 재산에 관한 포괄적 권리의무를 승계한 이상, 소득세법 제4조 제1항 제3호 규정에 따라 양도소득세 납세 의무가 있었다. 세무서장이 기준시가를 적용해서 내린 양도소득세 부과 처분은 정당한 결정이었다.

민원 내용을 파악한 나는 우선 문양을 면담하기로 했다. 상상조차 하기 어려운 상황을 겪으며 자란 그녀를 만나는 건 조심스럽고 부담되는 일이었다. 신청인과 처음 마주했을 때 '얌전한 몸매에 빛나는 눈…' 이라는 유행가 가사가 떠올랐다. 얌전하고 다소곳한 몸매는 맞는데, 눈빛은 초점없이 흐리고 숨조차 간신히 쉬는 듯 보였다.

그녀는 어머니가 고생하신 덕분으로 큰 어려움 없이 자라고 공부도 할 수 있었는데, 세금과 관련된 일련의 사건들을 겪으면서 '적응장애' 라는 병명으로 정신과 치료를 받고 있다고 했다. 초등학교에서 신체 및 정신 장애아동을 돌보는 복지사로 근무하던 중 세금 때문에 급여의 절반이 압류되어 나머지 월급으로는 교통비도 감당하기 어려운데다 수치심 때문에 더 이상 직장생활을 할 수 없어 학교를 그만두기에 이르렀다. 현재는 연구소 일용직을 전전하고 있다고 들려주었다.

그녀는 1969년 1월에 누구의 축복도 받지 못하고 태어난 후 중학교 때 법정에서 부친을 딱 한 번 보았는데, 자신을 바로 쳐다보지 못하던 아버지와 찰나적으로 눈이 마주쳤다고 한다. 그 눈길이 지금도 가슴에 화살처럼 박혀 있다고 서글프게 말했다. 그리고 판사가 부친을 향하여 "저토

록 붕어빵처럼 닮았는데 자식이 아니라고 하시겠습니까?" 하던 말이 귓전에 남아 있다고 담담히 말했다.

그녀는 부친의 호적에 올라 어머니의 성을 딴 최○○에서 문××가 되었을 뿐, 부친 쪽 가족과 왕래가 트인 것도 아니고 달라진 것은 아무것도 없었단다. 단지 한 번 보았을 뿐인 부친 때문에 긍지를 가지고 일하던 일터를 잃었으며, 핸드폰도, 그 흔한 신용카드 한 장도 사용할 수 없는 신용불량자가 되어버린 것이다. 그녀는 법률에 능통하다는 여러 변호사에게 이 문제의 해결책을 문의했으나, 상속포기를 안 했기 때문에 어찌할 수 없다는 답변만 수없이 들었단다.

그녀는 부모 때문에 정상적으로 살 수 없는 상황이 너무나 참담하고 답답한 나머지 순간적으로 북받치는 감정을 못 이겨 어머니의 멱살을 잡고 "나를 왜 이렇게 만들었냐"고 원망하면서 집을 나와 선배 언니 집에 몸을 의탁하고 있는 처지라고 했다. 그녀는 어머니께 돌아갈 수 있게, 그리고 장애아동을 돌보는 평범한 교사로 돌아갈 수 있게 해달라고 가녀린 몸을 떨며 울먹였다.

그런 그녀에게 무엇을 어디서부터 설명해야 할지 막막했다. 그리고 그녀의 이야기를 애써 태연한 척 들으면서 함께 울어야 했다. 그녀를 어떻게 설득하고 어떻게 위로해야 할지 몰랐다. 나는 퇴근길 전철 안에서도 '어떻게 하면 이 문제를 해결할 수 있을까?' 하고 골똘히 생각에 잠겨서 내려야 할 전철역을 한참이나 지나쳤다.

며칠을 끙끙 앓다가 가족들 앞에서 신청인의 기막힌 사연을 얘기했더니 남편은 "소득이 없는데 세금이라니! 그런 사람은 당연히 구제해 주어야지, 법이 그것도 하나 구제 못하면 국민고충처리위원회도 아니지!"라고 말했다. 이 분야의 전문가라고 할 수 있는 많은 사람들에게 의견을 구했지만 해결 방법이 없었는데, 남편의 이야기를 들으니 조금은 힘이 났다. 그러나 한편으로 위법하지 않은 처분을 시정하라고 권고할 길이 막막하여 더욱 답답해졌다.

나는 13년째 매일 새벽 4시 50분에 일어나 '이웃과 세상에 도움이 되는 사람이 되겠다'며 기도하고 일과를 시작했는데, 그날 이후로 기도하는 내 앞에 그녀가 딱 마주하고 앉아 하루종일 그녀 생각을 떨칠 수가 없었다.

법은 약자를 위해 존재해야…

나는 이 민원을 적극적으로 처리하기로 결심하고 우선 피신청인 관계자들과 의견을 나누고자 해당 세무서를 방문했다. 마침 세무서장님은 내가 일선 세무서에서 납세자 보호업무를 담당하고 있을 때 국세청의 납세자 보호업무를 총괄하던 분이라 안면이 있었다. 민원 개요를 설명하자 서장님은 "상속포기를 안 했구먼!" 하시며 안타까운 표정으로 고개를 가로저었다.

이 민원조사 결과보고서를 작성하기에 앞서 나는 법률관계에 정통한 주심위원에게 조사 개요를 보고하고 구제할 방법이 있는지를 여쭈었다. 사정은 딱하지만 상속포기를 안 한 이상 어쩔 수 없다는 부정적인 견해가 나왔다. 나는 상황을 전달하는 데 한계가 있다고 느꼈다. 결국 신청인의 상황을 위원이 직접 느끼게 하려고 신청인과 피신청인 양측이 참석하는 출석심의를 거쳐, 2005년 3월 이 안건을 소위원회에 상정했다.

그 결과 위원회에서는 양도소득세를 부과한 처분이 관련 규정상 위법하지는 않더라도 신청인이 얻은 소득이 없다는 사실이 객관적으로 확인된다는 결론을 내렸다. 나아가 상속포기를 못했다는 이유만으로 조세의 짐을 지우는 것은 국세기본법상의 실질과세원칙과 헌법상의 실질적 조세법률주의 또는 과잉금지의 원칙에 비추어 신청인에게 가혹한 처분이라고 판단했다. 그리하여 "신청인에게 부과된 양도소득세를 취소하는 것이 바람직하다는 의견을 표명한다"고 의결했다. '시정권고' 란 말 그대로 권고사항이라 법적 구속력이 없지만 '의견표명' 은 '시정권고' 보다 한결 약한 의결이다. 그러나 기각이 아니라는 점에서 희망이 있었다.

신청인(문양)과 피신청인(관할세무서)에게 민원처리 결과를 서면으로 통지하면서 그녀에게 따로 전화를 걸어 세무서장님을 직접 방문하여 우리 위원회의 '의견표명' 을 받아들이도록 간곡히 호소할 것을 당부했다. 세무서장님도 그녀를 직접 만나면 위원회의 결정을 충분히 이해하리라는 생각이 들었기 때문이었다. 한편 나는 거의 매일 세무서장님과 과장, 계장, 담당자를 향해 기도를 했다. "부친 사망 당시 14세였던 버림받은 딸에게 뭘 바라고, 무슨 법을 지켜야 한다고 강요할 수 있습니까? 재산권을 행사한 적도, 상속재산의 양도로 얻은 소득도 없는 그녀, 장애아동을 돌봄으로써 이 사회에 어려운 일을 담당할 소중한 인재의 앞길을 막는 것이 과연 온당한 일입니까?"

그렇게 애타던 시간이 지나고 2005년 4월, 드디어 세무서는 신청인에게 부과한 양도소득세 처분 전부를 취소한다는 결정을 내렸다. 장장 100여 일에 걸친 사건이 막을 내린 것이다. 이 소식을 듣는 순간 내 목에 걸린 가시가 빠진 듯한 느낌이었다. 그리고 이 사건은 내게 많은 것을 가르쳐 주었다. 우리가 형식적 법 규정에 얽매여 "사정은 딱하지만 법이 그러니 어쩔 수 없다"라고 말하기 전에 사회적 약자의 입장에서 '사람의 가쁜 숨소리를 들을 줄 아는 법 적용'이 필요하다는 것을 절실히 느꼈다.

| 박준희 | 관세청 부산세관

모르고 낸 세금 찾아서 돌려드리겠습니다
주방용 의자 품목분류 연구를 통한 과오납 환급 사례

굳이 많은 시간과 노력을 투자하면서까지 잘못 낸 세금을 찾아줄 필요가 있느냐는 일부의 볼멘소리도 없지 않으나, 우리 사통팔달호의 '언제 어디서든 고객이 있는 곳이라면 곧바로 항해하여 그들의 이야기와 어려움을 듣고, 적극적으로 해결해 준다'는 취지에 따라 과오납된 관세 3,600만 원 상당을 주인에게 돌려주었다.

'사통팔달호'란?

사통팔달호란 '통관을 사랑하여 팔방미인이 되고, 통관을 발달시키기 위한 부산세관 소속 문제해결형 학습동아리' 의 약자다. 이 동아리는 선박, 장난감, 가구 등 그 동안 수입통관절차 중 품목분류 과정상에서 문제가 되었던 품목을 중심으로 언제 어디서든 고객이 있는 곳이라면 곧바로 찾아가 고객들의 이야기를 듣고 문제가 있다면 적극적으로 해결해 준다. 또한 그들을 영원한 고객으로 만들고자 부산세관 수입2과 직원 11명이 2005년 말에 조직한 고객만족(CS) 문제해결형(PR) 학습동아리(COP)다.

매주 수요일을 학습의 날로 정하여 근무시작 전 또는 근무종료 후 자율적으로 모여 토론과 연구를 하는데, 동아리의 추진 과제는 회원 상호 간에 제기된 아이디어를 중심으로 다수의 의견을 종합해 결정한다. 선정된 과제를 효율적으로 수행하기 위해 다시 동아리 내 3~4명의 소그룹을 편성하여 이들이 주도적으로 과제를 수행한다. 아울러 토론과 연구를 활성화시키고자 인터넷 카페를 운영하고 있으며, 외부인에게도 카페가 개방되어 있어 누구나 자유롭게 이용할 수 있다.

주방용 의자를 사통팔달호의 연구과제로 선정하기까지

2006년 2월 8일, 부산 소재 A관세사는 인천소재 B회사가 수입한 중국산 주방용 가구(탁자와 의자가 한 세트) 중 일부인 주방용 의자를 관세율 8%인 품목으로 분류해 부산세관에 수입신고했다. 이때 세관의 수입통관 심사 과정에서 주방용 식탁은 관세율 8%가 맞지만 주방용 의자는 관세율이 0%인데 잘못 신고된 것이 발견되어 수입업체가 관세를 과다하게 납부하려 한 것을 바로 잡아주었다.

그리고 A관세사로 하여금 B회사가 수입하는 주방용 의자를 주방용 가구로 분류하게 된 경위와 근거를 문의한 결과, 서울 소재 C관세사가 2005년 초부터 "주방용 테이블과 한 세트가 되는 의자가 테이블과 함께 수입되었으므로 세트 물품으로 보아 주방용 목재가구로 분류해 수입신고하게 되었고, 그때부터 지금까지 그렇게 해왔고, 부산의 A관세사도 이와 똑같이 하게 되었다"는 사실을 확인했다.

따라서 B회사의 최근 2년간 수입통관 실적 중 주방용 의자의 분류를 정밀 재검토할 필요성과 혹시라도 수입통관시 과오납된 관세가 있는 경우 환급해 주기 위해 이를 부산세관 소속 학습동아리인 '사통팔달호'의 추진과제로 선정했다.

주방용 의자가 식탁과 별개로 수입될 경우에는 의자로 분류하는 것이 당연한데, 식탁과 세트를 이루어 수입되는 경우 이를 식탁과 같이 주방용 의자로 분류할 것인지, 아니면 식탁은 식탁대로 의자는 의자대로 각각 품목분류할 것인지 기준이 명확하지 않았다. 이 문제를 해결하기 위해 WCO(세계관세위원회)의 주방용 의자에 대한 〈품목분류의견서〉를 입수했다. 이는 일선 세관에서 쉽게 접할 수 없는 자료로서 본청의 담당자를 통해 어렵게 얻은 것이다. 우선 영문으로 된 의견서를 번역해야 했는데, 전문용어가 많아 쉽지 않은 작업이었기에 번역 작업은 동아리회원 중 젊은 직원들의 몫이 되었다. 그리고 번역된 주방용 의자의 〈품목분류의견서〉를 모든 동아리회원에게 배포하여 충분히 연구하도록 한 후 정식으로 토론에 들어갔다.

토론 결과 "주방용 의자만 별개로 수입될 경우 이는 의자로 품목분류하고, 식탁과 세트를 이루어 주방용 의자가 수입될 경우에는 포장 상태에 따라 ① 한 박스 안에 식탁과 의자가 포장된 경우에는 주방용 가구로 분류하고, ② 식탁과 의자가 여러 개의 포장으로 구성된 경우에는 식탁과 의자를 각각 분류하여 주방용 의자는 의자로 분류해야 한다"는 결론에 도달했다.

그런데 B회사가 향후 수입하는 물품에 대해서는 세트 구성 여부, 포장 상태 등을 확인하여 주방용 의자를 의자로 분류해 수입통관할 수 있지만, 이미 8%의 관세를 부담하고 통관된 주방용 의자는 수입 당시의 세트 구성 여부나 포장 상태 등을 확인하기가 어렵고, 설령 확인할 수 있다 해도 누가 이를 책임지고 과오납된 관세를 환급해 줄 것인지 여부를 놓고 난관에 부딪혔다.

과오납된 세금을 돌려주기까지

과오납 환급 시한은 수입신고 수리일로부터 2년 이내이므로 B회사의 최근 2년 동안 수입통관 실적을 조회한 후, 주방용 의자를 주방용 가구로 분류해서 관세 8%를 납부한 신고 건을 추려냈다. 그 결과 2005년 2월 23일부터 최근까지 인천세관 44건, 부산세관 3건 등 총 47건이 환급 대상으로 나타났다.

B회사로 하여금 주방용 의자에 대한 관련 자료(카탈로그, 수입 당시 포장 상태를 확인할 수 있는 사진자료 등) 제출을 요구하여 검토한 결과, B회사가 수입한 주방용 의자는 식탁과 세트가 되지만(1개의 테이블에 4개의 의자가 세트를 이룸) 여러 개의 포장으로 구성되었다는 것을 쉽게 확인할 수 있었다. 따라서 B회사는 지금까지 관세율 0%인 물품을 8%의 세금을 납부하면서 수입했다는 결론에 이르렀다.

그런데 사무분장 규정상 사후 세액심사 건에 대해서는 수입통관부서가 아니라 납세심사과의 소관업무였다. 그러나 납세심사부서에서 수입화주에게 각종 자료제출을 요구한다면 불편을 초래할 수 있으므로 '사통팔달호' 가 소속된 수입2과에서 직접 세액 변경에 대한 통지를 수입화주에게 알리고, 즉시 환급받을 수 있도록 조치했다.

그리고 인천세관 수입통관분에 대해서는 사통팔달호의 주방용 의자에 대한 품목분류 연구자료를 첨부한 협조공문을 발송했다. 즉 업체가 세액경정 청구를 하지 않고 인천세관이 직접 세액경정하도록 하여 B업체가 원활하게 환급받을 수 있도록 조치한 것이다.

언제 어디서든 고객이 있는 곳이라면

세관은 세금을 추징하는 업무에 중점을 둔 기관이다. 그러나 국민이 잘 못 알고 많이 낸 세금을 굳이 찾아서 돌려주는 일에 인색한 것도 사실이다. 실제 각종 업무실적 평가시에도 개인별 추징금액이 많고 적음이 중요할 뿐, 환급액이 얼마인지의 여부는 그리 중요한 요소가 되지 않는다.

그래서인지 굳이 많은 시간과 노력을 투자하면서까지 잘못 낸 세금을 찾아줄 필요가 있느냐는 일부의 볼멘소리도 없지 않다. 그러나 사통팔달호의 '언제 어디서든 고객이 있는 곳이라면 곧바로 항해하여 그들의 이야기와 어려움을 듣고, 적극적인 해결을 해준다' 는 취지에 따라 과오납된 관세(부가세 포함) 3,600만 원 상당을 원래 주인에게 환급해 주었다.

여기에는 B업체의 수입통관실적 조회 및 분석, 토론회, WCO회의록 원본 입수 및 번역, 학습토론회 개최, B업체에 대한 자료제출 요구 및 분석, 직권 세액경정 및 인천세관에 세액경정 협조 의뢰 등 많은 시간과 노력이 투자되었다.

많다고 하면 많고 적다고 하면 적은 금액이지만, 이 과정을 통해 업체가 세관에 대해 "감동적이다"라고 말하는 모습에서 큰 보람을 느꼈다. 이처럼 문제해결형 학습동아리 사통팔달호는 아무리 조그마한 고객의 목소리라도 귀담아 들어 문제를 해결해 주는 동아리로 거듭나기 위해 오늘도 쉼없이 노력한다.

세상에서 가장 비싼 병적증명서
사망자의 군번을 찾아 병적증명서 발급

"아가씨야, 내 너무 고맙데이, 그래 서류값 몇 십만 원 줘도 안 아깝데이…. 그게 어디 돈으로 따질 수가 있나? 우리 영감 명예를 찾아줬는데… 우리 영감 좋은 곳에서 편히 눈감게 해줬는데…."

손님이 헛기침을 하면 수저를 주라

퇴근 무렵 한 할머니로부터 걸려온 전화 한 통….

"우리 영감이 죽었는데 동네 사람 얘기로는 영천에 있는 호국원인가에 갈 수 있다는데 정말인교?"

그러나 군번을 모르는 상황이었다. 하지만 갖은 노력 끝에 군번을 찾았고 할아버지 시신은 무사히 호국원에 안장되었다. 한 달쯤 지나 병무청을 찾은 할머니…. 세상의 그 어떤 증명서보다 값지고 귀하다 말씀하시며 감사의 인사를 하셨다.

유대인의 격언에 '손님이 헛기침을 하면 수저를 주라'는 말이 있다. 이 격언은 식사 때 "수저를 주십시오"라는 말을 차마 하지 못하고 헛기침하는 손님의 마음을 재빨리 읽어 숟가락을 챙겨주라는 뜻이다. 즉 남에게 깊은 관심을 가지고 세심한 배려를 잊지 말라는 것이다. 친절이란 꼭 남의 칭찬을 받을 만한 큰 행동뿐 아니라, 일상생활의 사소한 배려에서 나오는 행동을 뜻한다고 생각한다.

서울에서 김서방 찾기 – 돌아가신 할아버지의 군번을 찾아라

어느 무덥던 여름날, 나의 작은 행동 하나가 상대방의 가슴을 움직였고 나 또한 그로 인해 가슴 따뜻했던 일이 있다. 퇴근 무렵 내게 전화 한 통이 걸려왔다. 전화를 한 사람은 할머니였는데, 흐느끼는 목소리가 수화기를 통해 생생히 전달되었다.

나는 갑작스런 전화에 당황스러웠지만 내가 할 수 있는 일은 일단 할머니의 얘기를 들어주는 것이었다. 통영에서 막노동을 하시다 지병으로 돌아가신 소○○ 할아버지는 육군 소위로 6·25 전쟁에 참전했으며, 죽을 고비를 여러 차례 넘기는 등 고생 끝에 전역하셨다. 살아계실 적에 참전유공자로 등록하지 않아 아무런 혜택을 못 받았고 뒤늦게 할아버지가 돌아가시고 나서야 유공자 대상이었음을 알게 되어 할머니는 장례를 치르다 말고 전화를 걸어오신 것이다.

"할머니, 혹시 할아버님의 군번 아세요?"

"군번? 그걸 내가 어떻게 알것나? 주민등록번호로는 안 되는교?"

주민등록번호 하나면 개인의 비밀스런 정보까지 쉽게 알 수 있는 이 시대에 주민등록번호로 자료를 찾을 수 없다는 게 이해가 되는가? 하지만 안타깝게도 주민등록번호로도 자료를 찾을 수 없는 경우가 종종 발생한다. 이유인즉 주민등록번호가 부여되기 전에 군복무를 한 사람의 경우(특히 이번처럼 6·25 전쟁 참여자 등)에는 주민등록번호가 아닌 군번으로 모든 자료를 관리한다. 그 당시에는 지금처럼 행정이 체계화되지 않았을 뿐더러 전시 상황이라 자료들이 많이 유실되었음은 물론이고, 입대 당시 집에서 부르던 이름이나 생년월일 등으로 서류가 작성되어 현재 자료와 다른 경우가 많다.

이런 시대적 상황을 조금만 이해해 주면 좋으련만 일반인들은 지금의 시각으로만 문제를 보고 생각하니 쉽게 이해하지 못하는 것이다. 아니나 다를까 할아버지의 주민등록번호와 이름으로 병적 관계를 찾아보았으나 나오지 않았다. 혹시 개인별 주민등록초본에 군번이 나와 있지 않을까 해서 찾아보고, 소씨 성을 가진 사람을 모두 열람해서 이름이 잘못 기재된 건 없는지 하나씩 살피기 시작했다. 희귀한 성씨라 쉬울 줄 알았더니 의외로 소씨 성을 가진 사람이 많아 서울에서 김서방 찾는 격이었다.

군번만 있으면 되는데 제일 중요한 키워드인 군번을 모르니 답답한 노릇이었다. 눈앞이 캄캄해졌다. 빨리 처리해 드려야 할아버지 시신을 안장할 수 있을 텐데….

갓 장가간 새 신랑이 사랑하는 아내를 두고 입대할 때의 안타까움과 죽을 고비를 수없이 넘기며 싸웠음에도 전쟁이 끝난 후에는 맨몸으로 삶과 부딪혀야만 했던 당신의 삶을 생각하니 마음이 답답해졌다. 그나마 이제는 한몸 뉠 곳조차 없다니….

오늘은 너무 늦어 육군본부와 통화가 안 되니 내일 다시 연락드리겠노라는 말씀을 겨우 드리고 전화기를 내려놓았다. 배고픔도 잊은 채 2시간반 동안이나 할머니와 통화를 했지만 아무것도 해결하지 못해 안타까울 따름이었다. 무거운 마음으로 집에 돌아왔는데, 자꾸만 할머니의 목소리가 귓전에 맴돌았다.

"아가씨, 꼭 좀 찾아주구려. 우리 영감 묻을 데도 없다 아닌교."

다음날 아침 나는 육군본부로 전화를 걸었다. 그러나 일치하는 사람이 없었다. 나는 다시 통영 북신동 동사무소로 전화를 걸었다. 예전에 구세대별 카드에 군번이 기록되어 찾은 경우가 종종 있었기 때문에 마지막으로 기대를 걸었다. 그러나 모두 허사였다. 아… 이 허탈감, 결국 못 찾는구나…. 내 전화만 기다리고 계실 할머니 생각에 마음이 아팠다. 그리고 편히 잠들 곳을 찾지 못하고 차가운 바닥에 누워계실 할아버지의 시신이 눈앞에 떠올랐다. 나라를 위해 목숨 걸고 싸웠는데, 고작 나라에서는 자료를 찾을 수 없어 안 되겠다니…. 도저히 할머니께 전화할 용기가 나지 않았다. 할머니의 목소리만 귓가를 맴돌았다. 그때 할머니께서 기다리다 못해 먼저 전화를 주셨다.

"아가씨, 근데 우리 영감이 이름이 두 개라예. 집에서는 소△△로 불렸고, 호적에 올릴 때 항렬에 맞춰 올린다고 다른 이름을 올렸다카든데…."

이 얼마나 반가운 소린가. 다시 할아버지의 군번을 찾아볼 수 있는 기회가 생긴 것이다. 나는 즉시 검색을 시작했다. 그리고 비슷한 사람을 한 명 찾아낼 수 있었다. '앗! 이 사람일까?' 소○○라는 이름으로 검색을 하니 생년월일과 본적이 비슷한 사람이 한 명 나타났다. 나는 마음속으로 기도를 했다. '제발 이 분이 내가 찾는 그 할아버지이기를….' 그러나 예전 자료에는 정확한 주민등록번호가 없기 때문에 섣불리 같은 사람이라고 확신할 수 없어 다시 육군본부로 확인을 요청했다. 구 병적부 등을 찾아 가족관계를 확인하면 동일인인지 명확히 구분될 터였다. 그로부터 몇 분 후 전화벨이 울렸다.

"육군본부입니다. 아버지 성함이 소○○이시네요, 어머니 성함은 ○○○이고… 학교는 ××××을 졸업했고….

"아, 맞습니다. 감사합니다. 정말 감사합니다."

드디어 드디어 찾았다. 할아버지의 군번이 확인된 것이다. 나는 곧장 할머니께 전화를 걸었다.

"할머니 찾았습니다! 어르신 자료를 찾았습니다."

"정말인교? 그럼 우리 영감 이제 편히 눈감을 수 있는 기라예? 아이고, 고마워서 어쩌나…."

내 목소리는 한껏 흥분해서 고조되었고 할머니도 나도 전화기를 붙잡은 채 울고 있었다. 군번을 찾았으니 일은 일사천리로 진행되었다. 더 이상 할아버지를 기다리게 할 수 없었다. 지금까지 기다리게 한 것도 얼마나 죄송한 일인가? '할아버지, 이제 부디 좋은 곳으로 가셔서 편히 쉬십시오….'

세상에서 가장 비싼 병적증명서

그 후로 한 달쯤 흘렀다. 한참 병적증명서를 발급하던 오후, 할머니 한 분이 지팡이를 짚고 민원실 안으로 들어오시는 게 아닌가? 그런데 할머니의 걸음걸이가 더듬더듬 몹시 힘들어보였다.

"여기, 지하영이라는 아가씨가 어딨소?"

아! 이 목소리는 귀에 많이 익은데….

"할머니. 제가 지하영인데요? 저 찾아오셨어요?"

"아, 아가씨구먼. 목소리를 들으니 알겠데이. 나야, 통영 할매…."

어찌나 반갑던지 나는 팔짝팔짝 뛰고 싶은 심정이었다. 그런데 할머니는 한쪽 눈이 잘 보이지 않는 것 같았다. 앞도 제대로 볼 수 없으면서 무더운 여름에 이곳 창원까지 배를 타고 오셨단다.

"어쩐 일이세요? 전화를 주셔도 되는데 이렇게 멀리 오셨어요?"

아직 해결되지 않은 일이 있는지 싶어 걱정스레 여쭈었더니 할머니는 빙그레 웃으시며

"아가씨 얼굴 보러 왔제. 그리고 서류값도 주고… 동에서 등본 한 장 떼도 돈을 받던데, 나는 돈을 하나도 안 냈잖수."

지금은 병적증명서 수수료가 무료이지만 당시에는 수수료가 있었다.

"할머니, 수수료 안 주셔도 됩니다. 할아버님이 좋은 곳으로 가셨다니 그것으로 됐습니다."

그 마음만으로도 나는 너무 고마웠다. 내 얼굴을 보기 위해, 수수료 200원을 주기 위해 배를 타고 몸도 불편하신 분이 여기까지 찾아오셨단다. 나는 단지 나에게 주어진 일, 여기 민원실에 앉아 병적증명서를 발급하는 내 할 일을 한 것뿐이었다. 고마운 마음과 함께 미안한 생각이 들었다.

"아가씨야, 내 너무 고맙다. 그래 서류값 몇 십만 원 줘도 안 아깝데이… 그게 어디 돈으로 따질 수가 있나? 우리 영감 명예를 찾아줬는데… 우리 영감 좋은 곳에서 편안히 눈감게 해줬는데…."

할머니는 연신 고맙다는 말씀을 하시며 내 손을 부여잡고 눈물을 흘렸다. 나 또한 같이 울고 말았다. 나는 이곳에서 하루에도 수십, 수백 여 통의 병적증명서를 발급한다. 평범하고 단순해 보이는 서류지만 그 증명서

안에는 한 사람의 군 생활이 고스란히 담겨 있다. 그리고 우리의 지나간 아픈 세월과 역사의 비극, 고통도 함께 녹아들어 있다. 돈으로 그 가치를 따질 수 없다는 할머니의 말씀, 이 세상 그 어떤 서류보다도 소중하다고 말씀하시던 그 모습, 나는 평생 그 말씀을 잊지 못할 것이다.

이 작은 종이 한 장에 우리 병무청의 모습이 있고 우리나라의 얼굴과 역사, 그리고 미래가 있다. 그러기에 오늘도 나는 세상에서 가장 비싸고 귀한 증명서를 발급한다.

"어서 오세요. 병적증명서 신청하셨어요?"

| 이상원 | 부산해양경찰청

국경을 넘는 정(情) 프로젝트 !

외국인 선원들을 위한 대한민국 해양경찰의 봉사

이제 해양경찰의 시각이 바뀌고 있다. 날로 늘어만 가는 외사 범죄의 한편에선, 외국인 선원들을 관심과 정으로 대하는 상호간 신뢰 쌓기 운동이 한창이다. 외사계는 이것을 '정 프로젝트'라고 명명했다.

자랑스러운 대한민국 해양경찰

방송가에선 1월을 '해솟음달'이라 하고 2월은 '시샘달', 3월은 '물오름달'이라는 우리말로 부른다. 우리에게 주어진 열두 달을 좀더 활기차고 새롭게 시작할 것을 일깨워주는 말이다. 나 역시 새로 시작되는 3월을 맞아 '어떤 계획과 다짐으로 생활해 나갈까' 라는 생각으로 며칠째 구상 중이었다. 그런 어느 일요일 아침이었다.

감천항에도 봄이 찾아온 걸까. 저만치에 바쁘게 움직이는 한 무리의 사람들이 보였다. 마치 봄나들이를 나온 등산객들처럼 분주히, 그것도 아주 환한 웃음을 띤 채 외국인 선원들에게 홍보 전단지를 나눠주고 있는 그들은 해양경찰서 외사계 직원들이었다.

자세히 보니 부둣가엔 이미 커다란 천막이 세워졌고, 그 주변에는 외사계 직원들뿐 아니라 흰 가운을 입은 의사 선생님들과 아름다운 미용사들도 열심히 일하고 있었다. 작년 이맘 때만 하더라도 감천항엔 그저 자연의 봄이 스미길 기다렸을 뿐, 우리들 스스로 봄이 되어 이처럼 아름다운 풍경을 그려내리라곤 상상조차 못한 일이었다. 이 풍경은 학생 시절 러시아어 통역생으로 처음 해양경찰을 접한 순간부터 해양경찰이 된 지금까지 내게 가장 감동적이고 보람찬 모습으로 머릿속에 각인되어 있다.

우리에게 그들은 어떤 존재일까?

일반적으로 우리가 외국인 선원을 보는 시각은 (잘못된 것이지만) 잠재적 범죄 대상으로서의 주체일 뿐이다. 실제로 그들은 이방인이기에 낯설기는 하다. 그러나 그보다는 뉴스를 통해 고착된 그들의 부정적인 이미지가 때론 험한 차림으로 돌아다니는 그들의 모습을 곱지 않은 시선으로 바라보게 만들었고, 단속과 감시에 초점이 맞춰져 있는 해양경찰의 시각도 별반 다르지 않았다.

매일 TV 뉴스에서 보는 '국제 마약조직, 여성 밀입국자 강간, 고속잠수기 밀입국' 등 외사 범죄 수법은 갈수록 교묘해져가고, 이 때문에 부족한 경찰 인력은 격무에 시달려야 했다. 해양경찰 외사계는 그러한 환경으로 늘 분주할 수밖에 없었다. 이처럼 사건에 파묻혀 업무를 처리해 나가는 시스템으로는 더 이상 비전이 없어 보였다. 늘어나는 외국인 범죄를 억제할 방법이 다양하게 제기되었으나, 고답적인 기존 방식에서 크게 벗어나지 못하고 있었다.

'강력한 단속과 예방', 외사계가 내린 결론은 경찰 본연의 원칙적인 대응 차원에서 올바른 방법이긴 했으나, 특별히 실효를 거둘 만한 특효처럼 보이지는 않았다. 신임 순경인 나의 눈에는 경직된 경찰문화가 고스란히 느껴지는 순간이었다. 어쩌면 해경 내부에 초점을 맞출 것이 아니라 문제의 열쇠를 쥐고 있는 그들의 소리에 귀를 기울이는 게 예방 차원에서 더 효과적일 것 같았다.

결국 나의 제안이 받아들여져 〈러시아 선원 대상 설문조사〉를 실시하게 되었다. 설문조사가 형식적으로 끝나는 일이 없도록 설문에 심혈을 기울인 결과, 그들이 힘든 이국 생활과 이방인으로 대하는 우리의 편견으로 인한 이중고를 겪고 있다는 사실을 알게 되었다. 또한 외사계 직원들도 그들의 고충을 공감하는 계기가 되었다.

정으로 신뢰를 쌓다

일요일 아침 외사계 직원들이 모여서 분주한 풍경을 연출한 모습은 바로 이들을 위해 새로운 서비스를 제공하고자 하는 취지의 첫걸음이었던 것이다.

외사계 직원들은 외국인 선원들의 고충을 듣기 위한 전단을 봄의 기운처럼 따사로운 마음과 손길로 그들에게 나누어주었다. 의사와 미용사들역시 그들을 가족으로 여기며 기꺼이 봉사 활동에 참여해 주었다.

천막 위로는 '외국 선원들을 위한 이·미용 및 의료 서비스'라고 적힌 커다란 현수막이 걸려 있었다.

이제 해양경찰의 시각이 바뀐 것이다. 날로 늘어가는 외사 범죄에 대해 외국 선원들을 정으로 대하고 신뢰를 쌓아 범죄를 예방하는 역발상을 정착시키는 중이었다. 외사계는 이것을 '정 프로젝트'로 명명했다.

나는 홍보 전단지를 한 묶음 들고 러시아 선박을 돌며 홍보했다. 물론 처음엔 제복 입은 나의 모습에 긴장하는 선원들의 눈빛을 느낄 수 있었다. 그러나 시간이 흐르면서 그들과 우리가 우호적인 관계로, 즉 서로를 동반자로 인식하기에 이르렀다. 게다가 고충을 들어줄 수 있는 관계임을 이해하는 듯 느껴졌다. 그것은 같은 세상을 살아가는 이웃나라의 국민들로서 더 이상 우월하지도, 더 이상 터부시해서도 안 되는 인간과 인간이라는 신뢰를 쌓아가는 과정이었다.

"안녕하세요. 우리는 대한민국 해양경찰입니다."

처음에 놀라던 외국인 선원들의 얼굴은 차츰 해양경찰의 환한 미소를 보며 따뜻한 이웃나라 대한민국의 온정을 느껴가고 있는 듯했다.

"해경의 무료 이발·의료 서비스를 받으세요."

선장을 비롯한 선원들이 환하게 웃으며 우리의 프로젝트를 흔쾌히 받아들이는 모습에서 기본적인 신뢰가 쌓여 있음을 느꼈다. 감천항에 정박한 러시아, 중국, 인도네시아, 베트남 등 각국의 선원들이 흥미로운 눈빛으로 모여들기 시작했다. 의사 선생님의 정성 어린 의료 서비스를 받는 모습, 깨끗하게 이발을 하고 조금은 어색한 듯 웃음 짓는 그들의 모습을 보며 내 가족이 아니라고 내칠 수 있는 사람은 없을 것이다. 어찌 이들을 이방인으로만 볼 수 있겠는가?

어느 새 천막 안을 가득 메우고 기다리는 외국인 선원들에게 그들의 고충사항을 직접 물었다. 물가가 비싸다는 사람, 전화 통화가 잘 안 된다는 사람, 시내 나가는 길을 물어보는 사람 등 나름대로 그간 마음속에 품고 있던 사연들을 모두 쏟아내었다. 중요한 것은 고충을 털어놓는 선원들의 진지한 모습에서 우리가 이들에게 무엇인가 도움을 주고 있다는 사실과, 그 동안 해양경찰이 심어준 신뢰가 쌓이고 있음을 알 수 있었다. 고향으로 돌아가는 외국인 선원들은 하나같이 주소와 전화번호를 남기며 한국의 친절을 배워갔다. 결과적으로 우리 해양경찰이 한 그룹의 잠재 범죄인을 친구로 만들고 대한민국의 친절과 봉사를 세계에 알린 것이다.

그러나 아직도 할 일은 많다

이후 외사계는 '러시아 선박 태극기 달아주기', '외국 선박 선명 써주기' 등 다양한 서비스를 제공하며 범죄 예방과 정보력 확보라는 본연의 임무를 더욱 충실히 다져나갈 수 있었다.

"이국땅에서 이런 서비스를 받는 것이 정말 익숙하지 않다. 우리는 너무 감사하다"는 외국인 선원들과 "우리 해양경찰의 놀라운 변화에 박수를 보낸다"는 민간단체 직원의 칭찬은 비로소 외국인 선원의 관리와 범죄예방에 대한 해법이 자리잡아가고 있음을 알려주는 메시지일 것이다.

외사 경찰관들에게 변화는 곧 본연의 임무다. 급변하는 상황에 유연하게 대처하지 못하면 날로 증가하는 범죄를 막을 수 없기 때문이다. 문제 해결을 위해 업무 시스템뿐 아니라 문제를 바라보는 시각을 과감히 바꾸는 실험은 이렇듯 성공을 거두고 있다.

　세계화를 지향하는 해양경찰의 업무혁신은 낡은 생각의 틀을 깬 과감한 도전과 신뢰를 바탕으로 한 믿음이 전제되었기에 가능한 것이었으리라. 현재 여러 분야에서 세계 최고를 달리고 있는 '서비스 강국 대한민국'은 세계의 모든 사람에게 좋은 모습으로 기억될 것이 분명하다.

| 김부길 | 관세청 부산세관

고객을 위해 조직도 바꿉니다
선용품 공급업체의 적재 확인 민원 해결

그런데 과장님! 제가 세관에 자주 출입하는 선용품 업체에 알아본 결과, 고객들은 친절을 원하는 게 아니라 이 문제에 생존이 걸려 있는 만큼 우리 세관의 직제개편을 원하는 겁니다. 즉 빠른 시간 내에 선용품을 싣고 다른 회사보다 한 건이라도 더 주문받아 돈을 벌어야 하는 거죠. 그런데 이렇게 시간과 비용을 낭비한다고 생각하니….

직제개편이 오히려 민원의 대상이 되다

지난 2004년 2월 부산세관 감시국은 CCTV 등 첨단 과학장비를 갖춘 감시 종합정보 시스템 구축으로 종전 18개 부두 초소에서 처리하던 '선용품 적재확인 업무'와 '입출항 출무수속 업무'를 단 2개의 출무반에서 수행하도록 직제개편했다. 그런데 이 조치는 개편 초기부터 민원이 끊이지 않았다.

고객의 불편 내용은 생각보다 아주 단순했다. 이번 직제개편으로 세관 감시인력 16명이 감축되어 감시민원 업무를 2개의 출무반에서만 수행했다. 이에 따라 선용품 공급업자들은 선용품 공급 후 약 4.5km 떨어진 반대 방향의 세관 출무반까지 이동해 적재 확인을 받아야 했다.

이러한 불편 때문에 시간적·경제적 낭비가 극심했고, 7부두 접안 선박에 대한 출무수속을 7부두가 아닌 감만부두에 위치한 출무반에서 수행했기 때문에 출동 시간이 20분 이상 더 소요되었다. 이 때문에 선사(대리점) 직원 및 하선하기 위해 기다리는 선원들의 불평이 많았다.

그해 여름, 현장에서 마주친 선용품 공급업체 직원의 하소연이 아직도 귀에 쟁쟁하다.

"김반장님! 7부두 접안 선박에 선용품을 싣고, 7부두에 있는 세관 감시반 직원에게 확인을 받아 중앙동에 있는 사무실로 돌아가면 훨씬 편한데, 왜 우리가 세관 출무반이 있는 감만부두까지 다시 가야 하느냐 말입니까?"

"담배 몇 보루 실은 것을 확인받기 위해 시간낭비하고 거기에 자동차 기름낭비까지 해가면서 감만부두까지 가는 것은 너무하지 않습니까? 하루 이틀도 아니고…."

점점 더워지는 날씨 속에 고객들의 짜증과 불평은 날이 갈수록 더해만 갔다. 그러던 2004년 6월 어느 날, 정과장이 나를 불러 이야기했다.

"김반장! 김반장은 KBS TV 〈좋은나라 운동본부〉 프로그램에서 베스트 친절 시민으로 선정되기도 했잖아. 김반장이 7부두 현장에 나가서 고객들을 친절하게 대해 봐. 그러면 좀 나아지지 않겠어?"

"그건 어렵지 않습니다. 그런데 과장님, 제가 세관에 자주 출입하는 선용품 업체에 전화해서 알아본 결과, 고객들은 친절이 문제가 아니라 생존이 문제인 것입니다. 즉 빠른 시간 내에 선용품을 싣고 다른 회사보다 한 건이라도 더 주문받아서 돈을 벌어야 하는데, 이렇게 시간을 낭비

하고 차의 기름을 낭비한다고 생각하니… 제가 비록 베스트 친절 시민이
지만 안 통합니다."

　"그럼 그냥 이렇게 보고만 있을 게 아니라 고객들의 불편을 해소해 줄
수 있는 방안을 찾아야 하지 않겠어? 우리 과에서 고객을 위한 혁신 활동
을 추진해 보기로 하자구."

　정과장의 단호한 어조에 힘입어 혁신 활동은 시작되었다.

문제해결을 위한 혁신추진 과정

'남의 염병보다 내 손톱 밑의 가시가 더 아프다' 는 속담이 있다. 거창한
구호도 필요 없고 입에 발린 가식적인 친절도 필요 없다. 선용품 공급업
체 및 선사대리점 현장 직원들은 대부분 혈기왕성한 사회 초년생들이다.
이들 고객이 불편을 겪고 있는데, 이를 해결해 주지 않으면 고객만족도
에서 좋은 점수를 받을 수 없는 것은 불 보듯 뻔한 사실이다. 그들 손톱
밑의 가시를 뽑아 속시원하게 해주어야 한다.

　결국 우리는 육상감시관실 전직원을 대상으로 감시조직 개편을 주제
로 한 '감시행정 혁신 세미나' 와 선용품 적재확인 업무개선을 주제로
'부산세관 감시국 혁신 워크숍' 을 비롯해 '7부두 민원행정 원활화 방안
을 위한 혁신 콘테스트' 를 개최했다.

　세미나와 워크숍에서 도출된 의견을 종합해 보면 선용품 적재 · 하륙
확인 업무 및 입 · 출항수속 업무를 위해 출무반과 감시반을 통합하든지,
아니면 감시 인원을 보강해 1개 출무반을 신설해야만 해결할 수 있는 고
질적인 민원사항이라는 사실이 다시 한번 확인되었다.

이러한 고객들의 불편을 해소하기 위해 우선 육상감시관의 업무를 기능별로 구분했다. 육상감시1과는 상황실 업무와 입출항 EDI 업무를 전담처리하고, 육상감시2과는 부두현장 업무를 전담하도록 하는 의견을 '관세청과 그 소속기관 직제 시행규칙' 개정 의견으로 제출했다. 제출 후에도 우리의 의견이 충분히 반영될 수 있도록 감시총괄과와 본청에 지속적으로 요청했다.

출무반 업무와 감시반 업무가 통합되다

우리의 의견이 받아들여져 본청에서 직제개편시 이를 적극 반영하여 지역별 감시에서 기능별 감시로 전환된 1개 과를 신설하라는 결정이 내려졌다. 이는 고객을 위해서라면 조직까지도 개편해서 고객이 신속하게 업무를 볼 수 있도록 한 진일보된 조치였다. 아울러 내부고객인 우리 직원들도 편리하고 안전하게 선용품 적재확인 업무와 입·출항수속 업무 수행이 가능하게 되었다.

그 동안 혁신추진 과정의 어려움은 정식 직제가 아닌 시범운영체제 하에서 1년 5개월 동안 운영해 온 감시체제이다 보니 관세청 직제개편이 될 때까지는 독자적으로 변경하기가 힘든 실정이었다. 그리고 일반 직원들과는 달리 부두 현장근무 직원들은 24시간 야간근무 후 아침에 퇴근해야 하지만, 민원 해결을 위한 혁신 모임에 참석해서 토론 후 늦은 퇴근으로 힘들어하는 직원들이 많았다.

또한 직제개편은 '우리가 나서서 야단법석을 떨며 의견을 제시한다고 금방 이루어질 일도 아니고, 시간이 지나면 자연적으로 세관운영과나 본

청에서 알아서 할 텐데…’ 하는 못마땅한 마음을 지닌 사람이 있었던 것
도 사실이다. 변화에 대한 반발로 혁신에 동참하지 않는 일부 직원들은
공무원 조직뿐 아니라 어느 조직에나 있게 마련이다. 그러나 우리는 그
들을 설득하여 함께 토론하고 워크숍에 적극 동참토록 유도했다.

행정편의 주의에서 고객 위주의 열린 행정으로

혁신 활동의 결과를 살펴보면 불필요한 이동거리 단축으로 고객과 세관
차량 유류비를 연간 1,200만 원 절감하는 효과를 가져왔고, 고객의 귀중
한 시간을 연간 2,920시간이나 절약할 수 있었다. 결국 선박 입·출항 스
케줄에 맞추어 시간이 곧 돈이라고 할 정도로 바쁘게 업무를 처리해야
하는 선용품 공급업자와 선사대리점 직원들의 편의를 도모함으로써 고
객만족도가 몰라볼 정도로 향상되었다.

2005년 7월의 직제개편 이후 3개월이 경과한 시점에서 우리는 종전에
문제를 제기했던 ○○마린㈜ 외 9개 선용품 공급업체와 ○○상선㈜ 외
4개 선사에 불편 여부를 대면 및 전화로 확인했다. 그 결과 “7부두 세관
감시반에서 업무가 가능하게 되어 시간적·경제적으로 많이 편리해져서
감사하다”는 답변을 들을 수 있었다.

혁신과 업무는 별개가 아니다

그 후 계속적인 혁신 활동에 힘입어 선용품적재 확인제도 고시가 개정되

었다. 이에 따라 2006년 2월부터 선용품 공급업자는 세관 감시반에 방문할 필요없이 회사 사무실에서 전산으로 적재 내용을 등록하면 세관직원이 심사하여 등록확인을 해주는 제도로 바뀌었다. 고객들이 더욱 편리하게 일할 수 있도록 제도가 개선된 것이다. 만약 우리의 개선 노력이 없었더라면 아직까지도 고객들은 세관직원을 찾아 이곳저곳으로 다니면서 시간낭비, 돈낭비를 했을 것이다. 이를 생각하면 좀더 빨리 개선하지 못하고 1년 5개월이란 긴 시간을 빙 돌아서 왔다는 죄책감 때문에 고객들에게 절로 고개가 숙여진다.

이번 혁신 활동을 통해 혁신과 업무는 별개의 것이 아니라 업무 추진 과정에서 일어나는 불필요하거나 불편한 사항들을 발굴, 개선하는 것이 혁신이라는 사실을 깨달았다. 이를 위해서는 끊임없는 학습과 토론을 통해 문제점을 발굴, 개선해야 한다. 언제나 고객을 위하고, 또한 직원들의 근무 방법이 생산성과 효율성을 가질 수 있도록 혁신에 혁신을 거듭해야 할 것이다.

| 조철호 | 보은수정초등학교 교장

우리 아이들의 소중한 미래를 위한
'밤에도 열린 학교'
학교도서관 활성화

특기·적성교육과 방과 후 활동 등으로 부족한 아이들의 교육 사정을 메우기 위해 선생님들의 도움을 받아 노력하고 있지만, 수업이 끝나면 학생들은 하교해야 하는 게 현실입니다. 도시학교 학생들의 사교육 열풍이 이곳 학부모들에게도 그대로 반영되는 모습을 보면 안타깝기 그지없습니다.

'밤에도 열린 학교'를 설계했어요

저는 2003년 3월 속리산 수정초등학교에 부임하면서부터 '어떻게 하면 이곳 농촌학교 아이들이 도시 아이들에 뒤지지 않는 교육을 받을 수 있을까'에 대해 생각했습니다. 그러던 중, 지역과 함께 하는 교육활동을 구상했고 그 실천의 장으로 학교도서관, 과학실, 컴퓨터실을 개조한 '밤에도 열린 학교'를 계획했습니다.

이곳에서는 독서교육, 과학교육, 컴퓨터교육, 외국어교육, 전통국악교육, 기타 특기교육을 활성화하여 학부모들의 사교육비부담 경감뿐 아니라 지역과 함께 하는 평생교육, 지역 주민과 학생들이 학교를 학습과 문화의 장으로 삼고 언제나 마음껏 활용하는 공간으로 설계하여 새롭게 거듭난 학교를 만들어보기로 했습니다.

시설은 이렇게 마련했어요

우리 학교에는 별도로 준비된 도서관이 없었습니다. 그 대신 급식소의 간이 책꽂이와 교실 앞 신발장에 몇 권의 책이 꽂혀 있는 게 전부였습니다. 이 책들은 도농교류 프로그램의 일환으로 도시 학생들로부터 기증받은 것이었습니다. 학생들은 특별한 독서 프로그램 없이 그저 자유로이 책을 읽었으며, 독서교육은 주로 학급문고를 중심으로(선생님들의 추천도서 및 학년별 필독도서) 이루어져 왔습니다.

이에 기존의 도서를 선별하고 학급문고를 새롭게 정비하여 학교도서관을 만들어서 그 운영 시스템을 현대화하기로 했습니다. '지식의 보고인 학교도서관이 없으면 학생의 미래도 없다'는 생각으로 학생들의 자기주도적 학습 공간으로의 변신을 시도했습니다.

학교의 구조를 살펴보니, 특별실을 재배치하면 교수·학습 활동을 하기에 최고로 적합한 교육 환경을 만들 수 있고, 야간에도 지역 주민들의 문화공간으로 부족함이 없겠다는 생각이 들었습니다. 이에 다목적교실로 사용하던 교실 2칸과 컴퓨터실 1칸, 예절실 1칸을 교수·학습 도움센터로 구상하여 학생들의 자기주도적 학습을 위한 공간으로 활용하기로 했습니다.

지역과 함께 하는 열린 공간

또한 속리산 수정초등학교가 위치한 지역적 특성을 어떻게 교육에 반영할 것인가에 대해 고민했습니다. 학생 대부분이 관광지구 내 상가 지역인 사내리에 거주하고 있고, 학부모들의 생계도 모두 관광업에 기반을 두고 있었습니다. 따라서 학부모들은 손님들을 맞이하는 오후나 밤 시간이면 학생들을 제대로 돌보기가 어려웠습니다.

어른들은 "바르고 착하게 자라라"고 타이르지만 관광객들의 모습과 노래방, 나이트클럽의 음주가무가 어린 학생들의 눈에 어떤 모습으로 비쳐질지 크게 염려되었습니다.

비록 지금까지도 특기·적성교육과 방과 후 활동 등으로 그 부족한 부분을 메우기 위해 선생님들의 도움을 받아 노력하고 있지만, 수업이 끝나면 학생들은 하교해야 하는 게 현실입니다. 또 학부모들은 학교 교육으로는 모자란다고 생각하여 어떻게든 마을의 작은 학원에 자녀들을 보내거나 16km 이상 떨어진 보은읍에도 아이들을 보내고, 또는 개인방문 학습 활동에 자녀의 교육을 내맡기고 있었습니다. 도시학교 학생들의 사교육 열풍이 이곳 학부모들에게도 그대로 반영되는 모습을 보면 안타깝기 그지없었습니다.

그러던 차에 보통학교의 도서관과 다른, 지역의 어려운 점까지 모두 학교에서 떠안는 도서관을 구상하게 된 것입니다. 나아가 지역 주민과 함께 하는 다양한 학습의 장, 만남의 공간, 문화센터로 만들자고 의견이 모아졌습니다.

'밤에도 열린 학교' 이렇게 운영했어요

첫째, DLS(디지털 도서관) 프로그램을 운영했습니다.

충북디지털자료실에서 지원하는 DLS 프로그램을 활용해 도서관의 모든 도서 및 자료를 전산화하여 대출, 반납, 통계 등의 작업을 수월하게 개선하는 한편, 전교생 및 교직원을 대상으로 도서대출 카드를 발급해 활용했습니다. 또한 검색용 PC를 설치해 도서관에 소장되어 있는 도서나 자신이 필요한 자료를 쉽게 찾아 활용할 수 있도록 했습니다.

둘째, 학교 홈페이지를 활용한 사이버 독서지도에 힘썼습니다.

홈페이지의 독서마당에 〈감동을 나누어요〉라는 코너를 마련, 학생들이 독서감상문을 올리고 공유할 수 있도록 했으며, 전자책(e-book) 읽기를 지원했습니다. 전자책 읽기는 가정에서도 이용하지만 '밤에도 열린 학교' 운영 시간에 컴퓨터실을 개방해 전자책을 읽을 수 있도록 배려했습니다. 전자책은 서울 강남구청과 결연하여 강남전자도서관에서 개인 아이디와 비밀번호를 부여받아 활용하고 있습니다.

셋째, 교과 관련 도서관 활용 수업을 전개했습니다.

교육 과정을 운영하면서 학교도서관의 도서 및 ICT(Information & Communication Technology) 자료가 필요한 경우 도서관에서 수업을 전개하고 있습니다. 저학년의 경우 동화, 동시 수업에 주로 활용하고 있으며, 고학년의 경우는 역사와 과학 관련 자료를 찾는 수업을 하고 있습니다. 또한 과제를 제시하여 발표 및 토론수업이 되도록 하는 등 학교도서관을 교과와 관련해 운용하고 있습니다.

넷째, 독서의 생활화를 위한 학교 행사를 적극 추진했습니다.

책을 읽을 때 의미를 모르는 단어의 뜻을 찾아보도록 하기 위해 '국어 사전 찾기 대회'를 실시했습니다. 또 많이 참여한 학생 시상, 홈페이지에 올릴 독서감상문이나 독후감쓰기 대회, 독서퀴즈 대회 등을 실시했습니다.

책 읽기 지도는 좋은 책을 고르는 것에서부터라는 생각이 들어, 학기별 1회씩 학교 예산으로 아이들이 직접 책을 구입해 모두가 돌려읽은 후 등록하는 '좋은 책을 찾아 떠나는 즐거운 독서여행'을 실시했습니다. 또한 독서발표회, 다독왕, 우수 독서기록장 시상 등을 실시했고 앞으로도 계속 추진할 계획입니다.

다섯째, 학교도서관을 학습, 문화, 체험 등의 공간으로 적극 활용하고 있습니다.

무엇보다 '가고 싶은 도서관'으로 만들기 위해서 학습 활동은 물론 각종 문화체험의 공간, 연수, 레크리에이션 등의 공간으로 활용함으로써 학생들이 좀더 자주 도서관을 찾도록 지도하고 있습니다. 이러한 노력 덕분에 조회, 특강, 영화감상, 발표회 등 모든 교육활동이 학교도서관을 중심으로 이루어지고 있으며, 충청북도 교육위원들의 연수, 전국교육대학 교수들의 교실 수업방법 개선 연수 등 각종 연수와 시찰이 이어졌습니다. 게다가 일본 초등학교 학생 교류단 14명과 재일동포 대학생 교류단 30여 명 등이 우리 학교를 방문해 찬사를 아끼지 않았습니다. ○○일보를 비롯한 중앙지와 KBS 라디오, 지방지, 지역 신문, KBS TV의 〈충북은 지금〉 등에 소개되기도 했습니다.

여섯째, 방학 기간과 토요휴무일에 다양한 학교도서관 활동을 전개하고 있습니다.

방학 중에도 학교도서관을 개방하는 것은 물론이고, 토요휴무일에도 도서관을 개방하여 독서 및 다양한 도서관 활동을 전개하고 있습니다.

종이접기, 독서기록장을 활용한 다양한 표현 활동, 중국어 특강, 영화 감상 등의 프로그램을 마련해서 재미있고 즐겁게 활동하도록 하고 있습니다.

일곱째, 시원한 야외 도서관도 만들어 이용하고 있습니다.

학교 안 어디에서나 책을 가까이 할 수 있도록 운동장 남쪽에 야외 도서관을 만들어 200여 권의 책을 갖추어 놓았습니다. 운동장에서 놀다가 잠시 쉬는 동안에도 책을 펼칠 수 있도록 지도하는 것은 물론, 학교를 오가며 친구들과 만나 정다운 이야기를 나눌 수 있는 공간을 마련해 주었습니다. 학교를 찾는 손님이나 지역 주민들로부터 야외 도서관 시설에 대해 좋은 아이디어라는 칭찬도 많이 듣고 있습니다.

'밤에도 열린 학교' 운영으로 거둔 효과

첫째, 무엇보다 책을 많이 읽는 어린이로 만들었습니다.

낮에도, 밤에도, 교과 시간에도, 교과 관련 과제나 하교할 때 한두 권씩 대출해 가도록 지도하고, 과제 등으로 학교도서관을 수시로 이용할 수 있도록 지원해 주기 때문에 학생들은 읽고 싶은 책, 필요한 책을 언제든지 참고하고 있습니다.

둘째, 지역과 하나되는 인적 자원(자원봉사자) 협조체제를 구축했습니다.

'밤에도 열린 학교'를 운영함에 있어 지역과 하나가 되기 위해 지역 자원인사들을 선생님으로 위촉했는데, 모든 분으로부터 적극 협조해 주겠다는 답을 받았습니다.

셋째, 학생들에게 건전한 문화공간 제공에 크게 이바지하고 있습니다.

학생들이 하교 후 학원에서 공부를 마치고 저녁을 먹은 후엔 마땅히 갈 곳이 없는 이곳 속리산에서 친구들과 함께 어울리고 학교 공부를 보충하기도 하고 읽고 싶은 책을 마음껏 읽을 수 있는 공간을 제공해 준 것에 대단히 만족하고 있습니다. 물론 처음에는 책 읽는 습관이 몸에 배어 있지 않아 분위기가 산만했지만, 날이 갈수록 안정되어 갔으며 학생들의 성격이 차분히 바뀌어감을 확연히 느낄 수 있었습니다.

넷째, 학생들의 독서력 향상과 독후감(논술력) 쓰기 능력이 크게 향상되었습니다.

비록 짧은 기간이긴 하지만 학생들의 독서력이 크게 향상되어 각종 대회에서 우수한 성적을 올리고 있고, 교내 독서 코너인 〈감동을 나눠요〉난에 아이들이 독서감상문을 올려 모두 감동을 나누며 책을 읽은 후의 느낌까지도 공유하는 등 독서력과 논술력이 크게 향상되었습니다.

낮에는 학교가, 밤에는 지방자치단체가 관리하는 '밤에도 열린 학교'를 꿈꾸며

언제까지나 선생님들의 도움과 자원봉사자들의 협조만 바랄 수는 없습니다. 어떤 시스템화된 운영 모델이 나오지 않으면 안 된다고 볼 때, 지방자치단체인 보은군에서 이 프로그램 운영에 따른 인건비 및 관리비를 보전해 줌으로써 낮에는 학생들이 이용하는 배움의 공간으로, 밤에는 지역 주민들과 학생들의 문화공간으로 거듭나야 할 것입니다.

속리산 지역의 경기침체로 이 지역을 떠나는 주민이 많다 보니 자연히 학생 수도 감소하고 있습니다. 이처럼 어려운 지역 경기에, 교육 문제 때문에 이곳을 떠나는 사람은 없게 만들겠다는 또 다른 이유로 '밤에도 열린 학교'를 운영하게 된 것입니다. 따라서 '밤에도 열린 학교'는 지역을 살리고 산골마을 학생들이 꿈을 키워가는 희망이 될 것이라고 믿어 의심치 않습니다.

농민의 마음만 잘 읽어도 효과는 일석삼조!
농민과 함께 하는 일선 우체국의 택배 현장

우체국 택배 일석삼조! 농민들 특산품 판매 걱정 덜고, 소비자는 신선한 상품 싸게 사고, 우체국은 수수료 수입 4억 5,000만 원 기록.

2004년의 잔인한 봄

2004년 청도의 봄! 운문산 골짜기에도 비슬산 헐티재 자락에도 복사꽃은 흐드러지게 피었고, 옛 부족국가 중 하나인 이서국(伊西國)의 남산골에도 맑은 샘물이 졸졸졸 흐른다. 그야말로 완연한 봄이었다.

그러나 청도우체국은 찬바람이 쌩쌩 불고 있었다. 2003년 금융사고에 이어 엎친 데 덮친 격으로 태풍 매미가 할퀴고 지나가 복숭아, 감 등 지역의 위용을 자랑하는 과실이 제힘을 발휘하지 못했으며 각종 실적은 꼴찌 수준에 머물렀다. 그리고 농민들은 어떤가? 태풍 매미가 준 생채기로 지난 겨우내 한숨소리만 진동(?)하다가 이제 겨우 마음을 추스려 논 갈고, 밭 갈고, 복숭아꽃 따는 일을 시작할 수 있었다. 이런 와중에 내가 청도우체국장으로 부임했다. 당시 청도우체국의 실정은 연간목표 대비 달성률이 33%였고, 이는 31개 시군구 단위 우체국 중 28~30위 수준이었다. 3개월 연속 부진국으로 평가돼 봄날의 복사꽃을 한가히 즐길 형편이 아니었다.

그러나 가능성은 충분히 있다

우체국에는 커다란 강점이 있다. 국토의 최남단 마라도에서부터 울릉도를 찍고, 설악산의 천불동까지도 갈 수 있는, 그래서 전국을 거미줄처럼 옭아맨 네트워크가 우체국의 자랑 아닌가? 또한 현장을 누비는 사랑의 전령사 집배원! 그 집배원이 우리에게 있다. 집 찾고 주소 묻고 할 필요조차 없는 최적의 Door-To-Door 시스템이 존재하고 있는 것이다. 이러한 장점을 잘 활용하면 가능성은 충분히 있다. 우편 세입도 늘리고 지역 농가소득도 올리고, 그야말로 Win-Win이다. 한번 해보자.

모든 직원의 마음을 모아, 모아서…

나는 첫번째 단계로 전직원의 마음을 모으기 위한 슬로건이 필요하다고 판단했다. 그리하여 우리 우체국 슬로건을 '지역·주민 밀착 마케팅으로 작지만 강한 우체국 만들기'로 정했다.

그리고 바로 실천으로 들어갔다. ① 정기적인 사업설명회를 개최하되 앞으로 나아가야 할 방향, 전략 등을 담고, ② 규모·환경이 비슷하지만 우리보다 실적이 비교적 좋은 인근 C, Y우체국의 실적을 비교·평가하고, ③ 이를 파워포인트로 작성해 모든 직원을 대상으로 '우리도 할 수 있다'라는 호소 작전을 폈다.

이를 바탕으로 매주 경영전략 회의를 개최했다. 간부진은 물론 관내 우체국장 2~3명, 현장 마케팅 직원들의 진솔하면서도 생생한 목소리 듣기 등 회의는 진지하게 진행되었다.

지난주에 미흡했던 점, 금주에 꼭 해야 할 과제 등을 꼼꼼히 검토하면서 가급적 알찬 회의가 되도록 노력했다.

두번째 단계로 사업 환경을 분석해 고객인 농민들이 가려워하는 곳을 집중적으로 공략했다. 그러기 위해서는 먼저 시장 환경 측면에서 청도를 살펴보아야 한다. 청도 지역은 전국 생산량 1위의 복숭아(18%)와 감(20%)이 풍부하게 생산되는데, 최근 참살이(웰빙) 열풍으로 대도시 소비자들의 환영을 받는 인기 과일로서 수요가 증가하고 있었다. 이를 적시에 판매하기 위해서는 안방에서 주문하고 안방에서 받을 수 있는 택배를 이용해야 한다고 판단했다.

1904년에 문을 연 100년 전통의 청도우체국은 지역 주민들과의 친근한 이미지와 더불어, '오늘 발송 내일 도착'의 배송 시스템을 강점으로 내세워 도전해 볼 만했다. 그러면 소비자 성향 측면은 어떤가? 청도의 감과 복숭아는 생산량은 물론 품질 면에서도 타지역과 비교했을 때 결코 뒤지지 않는 과일이다. 이 품질 좋은 과일을 소비자들에게 빠르게 전달하고, 그들의 입맛을 돋우기 위해서는 무엇보다 신선도 유지가 가장 중요한 관건이라고 생각되었다.

세번째 단계로 주민생활 현장 밀착요원인 집배원(30명)을 '지역 마케팅 정보 담당관'으로 임명했다. 그들은 어느 곳에, 누가, 무엇이 필요한지, 그야말로 살아 있는 마케팅 정보를 손에 쥐는 즉시 우체국에 연락을 취함으로써 해당 우체국에서 바로 출동하는, 이른바 Pick-up 체제를 갖추었다. 때마침 상급 기관인 체신청에서도 〈집배원 Pick-up 활성화 방안〉이라는 공문이 수차례 내려오던 차라 한번 시동 걸린 엔진에 가속도가 붙기 시작했다.

뜨거워지는 마케팅 열기, 이심전심인 농민과 우체국

4월 중순부터 피기 시작하는 앙증맞은 복사꽃이 7월 중순에는 탐스런 열매로 변신하고 추석이 지날 때쯤인 9월 말부터는 어감부터 특이한 '씨 없는 청도반시'가 출하되기 시작한다.

그러나 가만히 앉아서는 실적이 오를 리 없다. 이 엄연한 진리를 깨닫고 홍보 팜플렛 2만 4,000매를 만들어 전국 방방곡곡의 소비자와 출향인사들에게 뿌렸으며, 2005년에는 청도군수와 청도우체국장의 공동인사말까지 동봉하여 보냈다. 군수와 우체국장 공동추천이니 고향의 맛을 즐기면서 품질을 믿어 달라고….

'재주는 곰이 넘고 돈은 ×놈이 번다'는 식의 중간 마진 때문에 농촌지역에서도 이제는 생산자-도매상-소매상-소비자의 다단계 판매로는 한계가 있다. 대도시에 자체적인 판로를 개척하기 위해 안간힘을 쓰고 있는 농가가 늘고 있으며, 대다수 농가는 우리의 믿음직한 택배를 이용하고 있어 우리에게는 그야말로 효자상품인 셈이다.

우리 우체국에서는 농산물 출하기마다 자체 증강 기간을 마련해 열을 올리고 있다. 7~8월에는 복숭아, 10~11월에는 청도반시, 12~2월에는 감말랭이, 그리고 2005년부터는 화학산 지하 250m 암반수에서 자란 한재미나리를 추가하여 2~4월에 판매한다. 1년 중 5~6월 두 달을 제외하고는 1년 내내 차례차례로 증강 기간을 마련한 셈이다.

자체 증강 기간을 두는 이유는 계절별로 홍보 전략, 목표 배정, 마케팅 소요물품 등이 모두 다르고, 또한 마음을 새롭게 결의하는 효과도 있기 때문이다. 그리고 마케팅도 결국 사람의 몫이기에 마음을 움직이는 데 필요한 식사를 겸한 간담회도 연중 4~5차례씩 꼭 개최한다.

드디어 해냈다

이렇게 계절에 따른 특산품을 마련하고 열심히 노력한 결과, 2004년에는 우체국택배 수수료 연간목표 2억 9,000만 원 대비 4억 400만 원을 달성했다. 이는 달성률 138%에 전년 대비 58% 증가로 경북 체신청 내 1위를 한 것이다. 2005년에도 연간목표 대비 달성률은 179%를 이루어냈고, 전년 대비 63.4% 증가로 경북 체신청 내에서 1위를 차지했다.

또한 농산물 직거래 판매 실적은 2004년 13억 원, 2005년 20억 원을 기록했다. 2006년에도 태풍 등 자연재해 없이 하늘이 도와준다면 22억 원이라는 엄청난 실적을 올릴 것으로 예상된다. 무엇보다 2006년은 초반부터 출발이 순조롭다. 2006년 2월 말 현재 실적은 2005년 대비 72%나 증가했고, 특히 한재미나리는 전년보다 102%나 앞서가고 있다. 이는 우체국 네트워크를 이용한 생산자-소비자 직거래 추진으로 건당 최저 2,000원에서 최고 1만 원 이상의 이익이 생산자인 이 지역 농가소득으로 돌아가는 일석이조 효과인 것이다.

성과를 거두게 된 원인은?

성공을 한마디로 표현하자면 자기 가치 혁신이 전제된 '블루오션 전략'으로 일을 추진했기 때문이다. 어떤 조직이건 시간이 흐를수록 일상적인 반복과 타성에 빠지기 쉬우며 이런 것들은 떨쳐버리기 어려운 매너리즘을 유발한다. 이를 탈피하기 위해 우리 우체국은 2004년에 이어 2005년에도 조직 활성화의 대표 모델인 (《펄떡이는 물고기처럼》을 차용한) '펄떡이는 우체국 Super post 구현'이라는 경영 비전을 정했다.

우체국택배 사업은 우편세입 증대와 지역 경제 활성화라는 두 마리 토끼를 잡을 수 있는 '가치혁신'이다. 또한 지역의 우수브랜드 농산물을 대도시로 판매하기 위해서는 '새로운 수요 창출을 위해 미개척의 새로운 시장으로 나아간다' 는 블루오션 전략이 필요한 사업이다. 우리의 성공 요인은 과감한 도전 정신으로 이를 행동에 옮긴 것이었다고 자평하고 싶다.

PART 2

행복 듬뿍 | 국민 체험 수기

| 정만진 | 경북 울릉군

우리는 그들을 수호천사라 부른다!

21C 첫 울릉도 신생아 헬기 수송 구조

한 어린 생명을 구하기 위해 네 명의 승무원이 죽음을 무릅쓰고 풍랑 속 바다 위를 비행하는 모습은 참으로 숭고하고 감동적이었습니다. 후송 헬기를 처음 타보는 나는 구름을 뚫고 날아가는 악천후 속의 비행에 감탄을 금할 수 없었습니다.

21세기 울릉도의 첫 신생아 탄생, 그러나 …

2005년 2월 17일 오전, 신비의 섬 울릉도에서는 포항해양경찰 헬기가 강풍을 뚫고 하늘을 향해 이륙했습니다. 이 헬기에는 소중한 생명이 타고 있었으니 바로 21세기 울릉도의 첫 신생아로, 태어난 지 2일 된 아기였습니다. 그러나 아기는 태어나자마자 태변흡입 증후군으로 생사를 넘나들고 있었습니다. 다행히 아기는 포항까지 긴급 후송되어 고귀한 생명을 구할 수 있었습니다. 울릉도 주민 모두가 마음 졸이며 안타까워하던 중이어서 더욱 감동적이었습니다.

2005년 2월 15일 새벽 3시 30분, 난산으로 한 신생아가 태어났습니다. 그 아기는 울릉도 주민 모두가 간절히 바라는 아이였지만 태어나서 바로 울지 못할 정도로 상태가 좋지 않았습니다. 그리고 하루 정도 지나자 호흡곤란과 경기를 하기 시작했습니다. 16일 오전, 헬기 후송이 필요하다고 판단되어 해양경찰과 해군에 지원을 요청했습니다.

그러나 불행하게도 그날 강원도 쪽에는 폭설이 내리고 동해상에는 풍랑주의보와 함께 풍속 32노트의 강풍, 자욱한 안개, 그리고 비까지 내려 시계가 2마일도 되지 않는 최악의 기상 상황이었습니다. 따라서 동해해경, 포항해경, 포항의 해군으로부터 헬기가 뜰 수 없다는 통보를 받았습니다.

울릉군 보건의료원에서는 모든 시설과 장비를 동원해 몇 년 만에 울릉도에서 태어난 아기 치료를 위하여 노력했으나, 열악한 의료 여건으로는 3.2kg의 신생아를 치료하기에 역부족이었습니다.

수호천사 해양경찰

헬기 지원 요청 후 아이의 가족은 물론 울릉군 보건의료원 직원들도 기상이 좋아지기만 간절히 빌었고, 울릉도의 헬기 이착륙을 책임지고 있는 울릉도 해군 전대에서도 전대장님 이하 항공 관계자들이 동원 가능한 모든 방법을 찾기 위해 애쓰고 있었습니다.

오전 10시 45분, 간간이 빗방울이 떨어지는 날씨 속에 포항해양경찰서의 헬기가 울릉도를 향해 출발했다는 소식이 전해졌습니다. 모두들 "이제는 살았구나" 하고 쾌재를 불렀습니다. 하지만 울릉도에 주둔하고 있는 해군 관계자들은 "착륙 준비는 해놓았지만 십중팔구 운항 도중에 돌아갈 것”이라고 말해 우리들은 힘이 쭉 빠졌습니다. 나는 사경을 헤매는 어린 생명을 제발 살려달라고 하느님, 아니 포항해경 헬기에 기도하는 수밖에 없었습니다. 기도 덕분인지 한 시간쯤 후 포항해경 헬기가 굉음을 내면서 해군부대 헬기장에 착륙했습니다.

기다리던 사람들은 모두 안도의 한숨을 내쉬고 만세를 불렀습니다. 네 명의 헬기 승무원은 죽음을 무릅쓰고 온 사람들이라고는 도저히 믿기지 않은 얼굴로 오히려 “늦게 와서 미안하다”고 말하는 것이었습니다. 그리고 자신들보다 아기를 더 걱정했습니다. 능숙하고 정성스럽게 아기와 부모, 의사를 헬기에 태우고 산소탱크를 실었습니다. 나 역시 헬기에 올라탔고 헬기는 곧바로 울릉도에서 포항까지 직선거리 217km의 위험한 비행을 시작했습니다.

정말 목숨을 건 비행이었습니다. 보통은 포항까지 50분 정도 걸리는데, 구름을 피하기 위하여 항로와 방향, 고도까지 조절하는 어려운 비행으로 인해 70분이나 걸렸습니다. 하지만 꺼져가는 생명을 살려야 한다는 조급함 때문에 연착된 20분은 20년, 아니 한평생을 조마조마하게 살아가는 것과 같은 기분이었습니다. 소음이 심한 기내였지만 승무원 모두가 친절하고 최선을 다하는 모습에 가슴이 뭉클해졌습니다.

한 어린 생명을 구하기 위하여 네 명의 승무원이 죽음을 무릅쓰고 풍랑 속 바다 위를 비행하는 모습은 참으로 숭고하고 감동적이었습니다. 후송 헬기를 처음 타보는 나는 구름을 뚫고 날아가는 악천후 속의 비행에 감탄을 금할 수 없었습니다. 이곳 울릉도에 지원하여 오기 전까지는 육지에서 살았던 관계로 해양경찰의 역할에 대해 별로 아는 바가 없었습니다. 섬 생활 9개월째 접어들면서 우리 해양경찰이 국민을 위해 얼마나 소중하고 또 위험한 일을 하는지 확실히 알게 되었습니다.

울릉도 희망단어 탄생! '人命在 해양경찰'

2004년에도 울릉도에서는 헬기로 환자를 후송하는 경우가 30여 회 있었습니다. 때로는 함정까지 동원되기도 합니다. 주간과 야간, 지역의 기상에 따라 포항해경, 동해해경, 포항해군, 그리고 소방헬기까지 뜹니다. 모두 국민의 공복으로서 본연의 임무를 잠시 접어두고 울릉도까지 위험한 비행을 무릅쓰고 환자를 후송합니다. 한 명의 울릉도 주민으로서, 생명을 살리는 일을 업으로 하는 울릉군 보건의료원 담당자로서, 항상 감사한 마음 이루 다 표현할 길이 없다고 생각합니다.

특히, 태어난 지 이틀밖에 되지 않은 신생아를 구하기 위해 악천후의 기상에도 불구하고 위험한 비행을 결정, 감행해 주신 포항해양경찰서장을 비롯 항공 관계자 여러분께 울릉도 주민 모두와 함께 진심으로 감사드립니다. 생명을 구해준 분들의 이름 정도는 알아야겠다고 생각하여 이번 비행에 참가한 포항해경 승무원들의 이름을 물었지만, 마땅히 할 일을 한 것이라며 끝내 밝히지 않는 겸손함까지 보여주었습니다. 아마도 이번 일을 해양경찰의 비행규정대로 처리했다면 아이의 소중한 생명은 잃고 말았을지도 모릅니다. 네 명의 헬기 승무원이 규정을 어기면서까지 결단한 비행이라고 생각하니 바다 위에서의 70분간 비행은 차라리 숭고했다고 표현할 수 있습니다.

일본과의 독도 영유권 문제해결 주체로서 국제적으로도 중요한 업무를 수행하는 우리의 해양경찰! 넓은 바다의 주권 수호에 뒤돌아볼 틈도 없을 텐데, 울릉도에서는 '人命在 해양경찰'이라는 단어가 생겨날 정도로 국민의 생명과 재산을 지켜주시는 해양경찰 여러분 정말 감사합니다.

365일 열려 있는 기업 지원의 창구
부품 · 소재 종합기술지원 체험 수기

정부의 중소기업 지원제도라는 것이 탁상공론일 것이라는 선입견을 갖고 있었는데, 이 제도를 이용하면서 생각이 바뀌었다. 기업이 필요한 시기에 적절한 내용의 지원을 제공하는 정부정책이 있다는 사실에 마음 든든하다.

역경을 거쳐온 한전금속

한전금속은 1974년 4월 '한진기계공업사'로 시작하여 발전을 거듭했으나, 1997년 12월 24일 IMF를 겪으면서 부도를 맞게 되었다. 부도난 회사를 비상체제로 운영하면서 다시 거래를 시도하려고 했으나 "부도난 회사와 어떻게 거래를 하느냐?"는 부정적인 답변만 들려올 뿐이었다. 국내 시장에서 우리 회사의 신용은 땅에 떨어져 있었기에 어려운 상황을 타개하고자 내수보다는 수출에 주력하기로 결심하고, 사원주주로 하여 ㈜한전금속을 설립하기에 이르렀다.

기업성장 과정에서 부딪힌 한계

2004년까지 한전금속은 직원들의 노력과 성실성으로 그럭저럭 유지는
했지만 눈에 띄는 성과를 거두지는 못했다. 우리에게 시급한 과제는 신
기술 개발과 불량률을 해소하는 것이었다. 우리는 자금난과 기술력의 한
계를 동시에 갖고 있었는데, 이러한 점을 극복하기 위해서는 정부의 지
원과 산·연 네트워크 연계가 반드시 필요했다.

대부분의 중소기업이 그러하듯 우리 또한 제품의 설계부터 제작까지
모든 단계를 경험적인 방법에 의존했다. 하지만 이러한 구식 방법은 불
량률을 높이고 불신만 더해줄 뿐이었다. 따라서 우리에겐 기존 방식에서
탈피한 과학적인 접근 방법이 절대적으로 필요했다. 특히 우리는 응고해
석, 주조방안설계 기술 등 공인된 검정기술로서 대내외 고객들의 신뢰를
얻어야만 하는 시기에 있었다.

모든 중소기업이 안고 있는 문제점 중 하나는 인력 부족이다. 특히 고
급 인력이 3D 업종을 기피하고 있다는 것은 누구나 알고 있는 현실이다.
우리는 고급 인력을 유치하는 데 최선의 노력을 기울이고 있으나 아직까
지 우수한 고급 인력의 시선은 냉소적일 뿐이다.

기존의 경험적인 방법으로는 일정 수준의 품질 유지가 가능할 것이다.
그러나 최고 수준의 품질을 만들어내기 위해서는 각종 컴퓨터 시뮬레이
션을 통한 해석을 거쳐야만 한다. 또한 고난도의 해석을 하기 위해서는
경험 많은 고령의 기술자가 아닌 현재의 기술적 흐름을 알고, 최신의 장
비를 사용할 줄 아는 엔지니어가 있어야 한다. 우리는 국내뿐 아니라 해
외에서도 최고의 신뢰를 얻어야만 했고 그러기 위해서는 최고의 엔지니
어가 필요했다.

해결 방법 모색, 그리고 발견

우리는 정부의 지원을 받고자 여러 지원기관을 알아보고, 많은 노력을 기울였다. 하지만 정부의 과제 지원은 일정한 시기에, 전문가의 심의를 통해서 과제가 선정되었다. 안타깝게도 우리는 그 시기를 놓쳐 기회를 잃고 말았다. 하는 수 없이 창원 기계연구원 재료기술연구소에 자문을 구하러 많은 왕래를 했고, 그때 알게 된 유영수 박사의 소개로 산업자원부의 '부품 소재 종합기술 지원사업'이 있다는 사실을 알게 되었다.

이 사업은 기술력이 취약한 부품소재 기업의 기술력 향상을 목표로 1년 365일 수시 접수 및 지원을 통해 기업의 애로 기술을 해결하는 체계였다. 특히 기업과 연구원 간 철저한 업무협의를 통해 지원하고 있었다. 또한 고가의 최신 장비를 구입할 수 없는 우리 같은 중소기업 입장에서는 국가 연구기관의 장비를 마음껏 활용할 수 있다는 점에서, 그 어느 정부사업보다 더할 나위 없이 좋은 사업이라 생각되어 주저 없이 즉시 사업을 신청하게 되었다.

2004년 12월 1일부터 2005년 11월 30일까지 1년간 '유압 밸브 케이싱 주조품 응고해석 및 주조결함 방지 기술 지원사업'을 수행했다. 이 사업을 통해 우리는 주조방안, 금형설계, 품질개선을 통해 불량률을 떨어뜨리고 기술력을 향상시킴으로써 대외 경쟁력을 높일 수 있었다. 게다가 첨단 주조방안 설계 방법인 컴퓨터 시뮬레이션을 접합함으로써 신뢰도가 크게 향상되었다.

이 지원사업을 통한 가장 큰 변화는 ㈜한전금속 브랜드가 생겼다는 점이다. 유압주물 부품이라 하면 '한전금속', 한전금속 하면 '유압 부품'이라는 인식이 국내뿐 아니라 해외에도 널리 퍼진 것이다. 이 명성에 힘입어 최근에는 국·내외적으로 유압개발 부품 주문이 쇄도하고 있다.

종합기술지원 정책을 통한 한전금속의 성장

우리가 종합기술지원을 받으면서 얻은 효과는 국제 경쟁력 극대화, 제품
의 품질혁신으로 인한 신뢰도 상승, 모든 직원의 기술력 향상 등이다.

기술지원을 받은 후 우리 직원들의 주물에 대한 인식은 크게 달라졌는
데, 주물을 아름답게 살아서 움직이는 생명체로 보게 되었다. 정성과 혼
이 담긴 제품 생산이 가능해졌으며 자부심도 가질 수 있었다. 이러한 자
부심은 우리 회사를 고부가가치 유압부품 전문업체로 성장시켰으며, 품
질의 안정화와 생산성 향상 등 원가절감 효과를 가져옴으로써 국제경쟁
력이 극대화되었다.

또한 우리가 정부의 지원을 받은 이후, 제품의 신뢰도가 향상되어 매
출 증대로 이어진 점 외에도 모든 직원의 기술력이 향상되었다는 것을
다른 중소기업에 적극적으로 알리고 싶다. 우리 회사는 고급 인력에게
소외된, 이른바 3D업종을 영위하는 중소기업이다. 금속을 전공한 엔지
니어도 말로만 듣고 교재로만 보아왔기 때문에 경험에 의존할 수밖에 없
었고, 제품 불량이 나타났을 때 반복적인 실험으로 고생만 할 뿐 개선의
여지는 나타나지 않았다.

그런데 이 지원사업을 통해 지원 연구원이 1년 동안 1주일에 한 번 이
상 회사를 방문함으로써 문제나 공정상의 오류, 그 밖의 애로사항 등을
편하게 물어볼 수 있었다. 또한 제품에 문제가 생겼을 때마다 지원 연구
원이 수시로 방문하여 문제점을 해결하는 방법과 원인을 알려주고 세미

나나 현장지도 등을 통한 전폭적인 지원을 아끼지 않았다. 이러한 과정들은 자연히 우리 모든 종업원의 노하우 축적과 기술력 향상으로 이어졌다.

작은 노력이 만들어낸 큰 차이 – 고객 중심 정책

애로 기술 해결이라는 목적이 달성되었기 때문에 이제 우리는 수출에 주력하고, 컴퓨터 응용기술을 우리의 기술로 정착시키고자 노력하고 있다. 기술경쟁력 확보를 위해 현장교육과 과학적인 접근 방법을 지속적으로 병행하고, 국제경쟁력 극대화를 위해 아시아 시장 외에 미주, 유럽 등 세계적인 유압주물 부품·소재 기업으로 성장하려 한다. 이를 가능케 한 것은 새로운 발전의 발판이 된 지원사업 덕분이다.

정부의 중소기업 지원제도라는 것이 탁상공론일 것이라는 선입견을 갖고 있었는데, 이 제도를 이용하면서 생각이 바뀌었다. 기업이 필요한 시기에 적절한 내용의 지원을 제공하는 정부정책이 있다는 사실에 마음 든든하다. 앞으로도 기업 입장에서 지원하는 정책이 많이 생겨, 우리처럼 기술, 자금, 인력이 부족한 기업들이 지원사업을 통해 많은 발전을 이루었으면 좋겠다는 바람을 가져본다.

03 | 김동수 | 대구시 동구

아낌없이 주는 나무

병무청 직원의 도움으로 학교로 돌아간 복학생

아무 기대조차 하고 있지 않아서 까맣게 잊고 있던 무렵, 전화 한 통을 받게 되었습니다. 병무청에서 근무하는 신승철이라는 분이 한 일간지를 통해 저의 일을 알게 되었다는 것이었습니다. 그분은 저의 사정을 너무나 안타깝게 여겨 손수 학교 학장님께 이메일을 보내 선처를 부탁하셨습니다. 그리고 며칠 뒤 학교측으로부터 복학해도 좋다는 연락을 받게 되었습니다.

제대 후 닥친 황당한 일

기나긴 겨울이 지나고 새로운 녹음과 활기찬 사람들의 온기로 마음 설레는 봄이 왔습니다. 제가 이곳에 글을 남기게 된 사연은 얼마 전 조그마한 일을 — 그러나 매우 황당한 — 겪었고, 저와 같은 일을 겪은 사람들에게 조금이나마 도움이 되었으면 하는 바람에서입니다. 특히 저에게 도움을 주신 어느 분에 대한 감사의 마음을 표현하고 싶어서 자판을 두드리게 되었습니다.

저는 2003년 12월 현역병으로 의정부 306보충대로 입대했고, 전역 후에는 학교에 복학하여 남은 학업을 계속하고 있습니다. 이렇게 복학하여 학교를 다니게 되기까지 참으로 많은 일이 있었습니다.

먼저 저는 저의 실수지만 입대 전 학교 행정실에 '군 휴학'과 '일반 휴학'의 차이를 고려하지 않고 그냥 휴학을 한 채 군에 입대했습니다. 그런데 군 전역 후 복학하려고 학교를 다시 찾았다가 청천벽력과 같은 소식을 들었습니다. 제가 '군 휴학'으로 설정되지 않아서 제적처리 되었다는 소식이었습니다. 뿐만 아니라 입대 전에 내고 간 등록금마저 휴학 기간 만료로 소멸되어 환불조차 불가능하다는 황당한 얘기도 듣게 되었습니다.

얼마나 놀라고 어이가 없었겠습니까? 그러나 학교측의 너무나 단호한 조치에 저는 거의 자포자기 상태에 놓였습니다. 그러나 너무나 억울한 마음에 ○○일보 '독자투고란'에다 저의 일을 게시하게 되었습니다.

생각지도 않던 도움의 손길

몇 자의 글을 적어 독자 투고란에 억울한 제 사연을 올린 것이었습니다. 한편으론 '국방의 의무를 마치고 돌아온 한 청년에게 사회에서 돌려주는 첫 선물이 이처럼 가혹해도 되는 것인가'라는 생각도 들었습니다. 물론 저의 잘못이기는 해도 생각할수록 분이 가라앉지 않아서 잠조차 이루지 못했습니다.

그리고 아무런 기대조차 하고 있지 않아서 까맣게 그 일을 잊고 있었던 때에 전화 한 통을 받게 되었습니다. 병무청에 근무하는 신승철이라는 분이 저의 일을 알게 되었다는 것이었습니다. 그분은 저의 사정을 너

무나 안타깝게 여겨 손수 학교 학장님께 이메일을 보내 선처를 부탁하신 것입니다. 그리고 며칠 뒤 학교로부터 연락을 받게 되었습니다.

저의 잘못은 있으나 국민으로서 국가의 부름을 받고 병역의 의무를 충실히 한 바를 고려하여 학교측에서 복학 조치를 취하게 되었다는 내용이었습니다. 뿐만 아니라 입대 전 납부한 등록금 환불도 가능하다는 내용도 전해들었습니다. 그래서 지금은 다시 학생의 신분으로 돌아가 열심히 학업에 임하고 있으며, 제 나이 또래의 젊은이들이 활동하는 넓은 터전에서 꿈을 키워가고 있습니다.

학교 교문에 발을 들여놓을 때마다 신승철님에 대한 고마움에 미소가 절로 나오곤 합니다. 그런데 며칠 전 그분으로부터 또 한 통의 이메일을 받았습니다. 제가 군복무 훈련 도중에 무릎을 크게 다친 적이 있는데, 이 사실을 안 그분께서 "국민이라면 국방의 의무를 수행하다가 입은 상처의 치료를 국가에 요구하는 것은 현명하고 당당한 국민의 권리"라며 보훈 혜택 절차를 상세히 적어서 보내주신 것입니다.

모든 청년에게 도움이 되고자

그분의 도움과 관심에 한동안 코끝이 시큰해졌습니다. 바쁘다는 핑계로 내 형제, 내 친척들에게도 도움은커녕 안부인사하기에도 인색한 요즘, 이렇게 아무 연고 없고 얼굴도 모르는 저에게 큰 도움과 정보를 챙겨주시는 걸 생각하면 감사한 마음을 어떻게 표현해야 할지 모르겠습니다. 아무쪼록 저와 비슷한 사례를 겪으신 분들에게 저의 글이 도움이 되었으면 하는 바람입니다. 또한 학교뿐 아니라 사회 각 분야에서 좀더 유연한 제도적 틀이 마련되어 국방의 의무를 수행하는 데 아무 걱정없이 전념할 수 있으면 좋겠다는 희망을 가져봅니다.

다시 한번 신승철 선생님에게 감사의 말씀을 전합니다.

| 김영숙 | 부산시 하단 1동

나는 행복 바이러스를 꿈꾼다
보훈 가사도우미 체험 수기

어느 순간 나는 할머니의 딸이 되고 손녀가 되고 친구가 되었다. 찾아뵙지 못한 날은 식사나 제대로 하셨을까 하는 마음이 들고, 궂은 날씨일 때는 혹시 아프신 데는 없나 하는 마음에 1주일에 이틀 방문이 짧게만 느껴진다. 어느 새 봄이 와서 벚꽃, 매화꽃, 개나리가 한창이다. 오늘 같은 날에는 할머니와 꽃놀이라도 가서 함박웃음 선물을 받고 싶은 심정이다. 할머니의 몸과 마음속에도 봄이 찾아오기를 바라며….

도우미로서의 첫 발

저는 몇 년 전 어느 기관에서 봉사자 교육을 수료하고 몇 군데에서 자원봉사를 했습니다. 그러던 중 보훈병원의 한 팀장님의 권유로 부산보훈청에 이력서를 제출하고 가사도우미가 되었습니다. 두렵고 떨리는 마음으로 일을 시작한 지 벌써 9개월이 되었네요. 부끄럽지만 저의 도우미 활동 생활을 이야기해 볼까 합니다.

7월 초, 보훈청 가사도우미로서 3일간 교육받은 후 도우미 대상 명단을 받았다. 그리고 드디어 도우미로서의 생활을 하게 되었다.

7일, 첫 방문에는 인사와 소개만 하고 11일 두번째 방문에서, "무엇을 도와드릴까요?"라고 물으니 청소를 해달라고 하셨다. 14일도 마찬가지로 청소만 하고 나왔다.

18일은 청소를 다하고 "또 무엇을 시킬 것 없나요?" 하고 여쭈었더니 할아버지께서 "그럼 다락이나 좀 닦아주소"라고 하셨다. 다락까지 다 청소하니 다음에 올 땐 완벽무장을 해야겠다는 생각이 들었다.

21일에는 보훈병원에 가서 전자동 휠체어를 배당받은 후 밴을 불러 기사와 함께 운반했다. 휠체어가 생각했던 것보다 많이 무겁다는 사실을 몸소 느껴보는 순간이었다.

그 다음주 월요일에는 여벌의 옷까지 준비해 집을 나서면서 '오늘은 목욕이나 시원하게 시켜드려야지!'라고 생각했다. 인사를 나눈 후 오늘은 할아버지의 목욕을 해드리겠다고 할머니께 알려드린 후 목욕탕에 옷을 갈아입으려고 들어갔는데, 욕조에 밍크담요 1장과 카펫 2장이 담겨 있었다. 여쭤보니 먼저 빨래부터 하고 목욕을 해드리라는 것이었다. 순간 나는 멍해졌다. 그렇지만 내색하지 않고 일단 빨래부터 끝마치고 할아버지의 목욕과 집안 청소까지 해드렸다. 단시간에 이렇게 많은 일을 해본 적은 난생 처음이었던 것 같다. 일을 마치고 나올 때 할머니께서 "오늘 진짜 고생했어요, 김양" 하시면서 만 원짜리 한 장을 주셨다. 순간 참았던 화가 머리끝까지 올라왔다.

"돈을 벌려면 왜 이런 일을 택했겠어요? 저도 있을 만큼 있어요!"

나도 모르게 퉁명스레 말해 버리고 말았다.

찜찜한 기분도 들고, 보훈청에 들릴 일도 있어서 퇴근길에 복지사님을 만나 하소연을 하고 나니 기분이 좀 나아지는 것 같았다. 그러나 그날 밤은 손가락 발가락 마디마디가 떨어져나가는 듯했다.

그리고 다음주 월요일, 다시 할아버지를 방문하니 반가워하시며 "1주일에 한 번만 와도 돼요! 그리고 일도 한 가지씩만 해주시구요!"라고 말씀하셨다.

"그러면 무엇을 도와 드릴까요?" 하고 여쭸더니 할아버지는 쑥스러워하시며 말끝을 흐리셨다.

"지난번에 보니 목욕을 잘 시켜주더만…."

그날부터 지금까지 난 할아버지의 전용 목욕관리사가 되었다. 내 작은 손길에 너무너무 고마워하며 즐거워하시는 할아버지의 모습을 보면, 나 또한 그 기분에 전염되는 듯하다.

"다음에 또 올게요"라고 인사를 하면, "김양아, 또 언제 올래?"라고 계속 물어보신다.

어느 새 그분들이 내 부모처럼 느껴짐과 동시에 나도 모르게 할머니의 알뜰함을 배워간다. 특히 수건이 헤졌을 때 구멍 난 부분을 잘라내고 기워 쓰는 나의 모습에서…. 할머니께서 만 원짜리 지폐를 주셨을 때 화를 참지 못하고 실수한 말이 지금도 후회가 된다.

어느덧 5개월이 흘러 12월이 되었다. 나는 새로운 대상자의 주소를 복지사님께 건네받아 집 찾는 일부터 시작했다.

이번에 내가 도움을 드릴 분은 감천동에 사셨는데, 집 구조는 작은방 2칸과 부엌, 그리고 집으로 들어가는 좁은 현관이 전부였다. 골목은 마주 보고 지나가기 힘들 정도로 좁고, 대부분의 집들이 공동화장실을 사용하는 가난한 동네였다.

집안에 들어서자 말할 수 없는 악취가 풍겼다. 쥐 오줌, 사람 오줌 냄

새가 코끝을 찔러 토할 것만 같았다. 저는 이러이러한 사람이라고 소개를 하니 대상자이신 할머니께서도 당신의 소개를 하셨다.

"난 아들 둘, 딸 둘 그렇게 4남매를 뒀어! 그러면 뭐하나. 막내딸은 걸어서 이삼십 분 거리에 사는데, 거의 찾아오지 않아. 아들은 1년 가야 한 번도 오지 않구, 딸들도 돈이나 필요하면 오지, 생전 얼굴 한번 안 비치고…."

나는 할머니의 말씀을 듣고 걱정이 되어 복지사님께 도움을 요청했다.

며칠 후 복지사님과 할머니 댁을 방문하니 막내딸이 와 있었다. 아무래도 그날은 복지사님도 온다고 하니 딸을 부른 것 같았다. 우리는 할머니의 딸에게 자주 찾아뵈라는 당부 등을 이야기했다.

복지사님이 가신 후 "어르신, 식사는 하셨습니까?"라고 물으니 "나 어제 저녁부터 굶었어"라고 하시는 게 아닌가. 볼멘소리로 대답하시는 모습이 너무 안쓰러워 얼른 식사부터 차려드렸다. 내가 겪어보니 할머니는 고기 같은 반찬이 없으면 밥도 잡수기 싫어하는 편이었다.

식사를 챙겨드린 후 웃옷을 벗어놓고 부엌부터 손을 댔다. 한창 청소를 하고 있는데, 방에서는 엄마와 딸이 서로 자기 주장이 옳다고 다투고 있었다. 나는 모르는 체하고 대충 일을 마친 후 인사를 하고 집에서 나왔다.

할머니는 혼자 계신 지 5년 정도 되어간다는데, 물에 손 넣기를 싫어하시고 일이라 하는 것은 무조건 싫어하신다. 아무래도 자녀들이 할머니를 더욱 외면하는 것 같았다. 심지어 딸이 하는 말을 들으니 할머니와 자식 사이의 감정의 골이 꽤 깊어보였다.

"아버지께서 암으로 돌아가시기 3일 전까지 엄마의 식사를 챙겨드렸어요."

아마 골이 깊어질 때쯤 보훈청의 도움을 받게 된 것 같았다.

불행 중 다행인 것은 할머니가 노환으로 눈이 좀 어두운 것 빼고는 건강에 별 다른 이상이 없다는 점이다. 그래도 늘 굶다시피 하니 딸들이 의논해서 요즈음은 할머니의 아침식사를 식당에서 배달해 드린다. 점심은 노인정에서 잡수시고 저녁은 간단하게 해결하신다. 그러다가 내가 봉사하기 시작하면서부터 마음이 얼마나 편한지 모른다고 하신다. 굶지 않아서 좋고, 냄새 때문에 이웃 사람들이 들어오지도 않았는데, 요즈음은 이웃들이 집에 놀러도 온다며 환하게 웃으신다.

어느 순간 나는 할머니의 딸이 되고 손녀가 되고 친구가 되었다. 찾아뵙지 못한 날은 식사나 제대로 하셨을까 하는 마음이 생기고, 궂은 날씨일 때는 어디 아프신 데는 없나 하는 마음에 1주일에 이틀 방문이 짧게만 느껴진다. 어느새 봄이 와서 벗꽃, 매화꽃, 개나리가 한창이다. 오늘 같은 날에는 할머니와 꽃놀이라도 가서 함박웃음 선물을 받고 싶은 심정이다. 할머니의 몸과 마음속에도 봄이 찾아오기를 바라며….

| 신선미 | 경기도 성남시

"엄마! 판소리가 이렇게 재미있는 거야?"
국립국악원의 '떠나자! 소리여행'을 다녀와서

딸아이가 춘향가 중 〈사랑가〉를 듣고 "엄마! 판소리가 이렇게 재미있는 거야?" 하고 물었을 때, 우리가 추구해야 할 교육의 참모습이 이런 것이 아닐까 생각했습니다. 체험을 통해 스스로가 마음속으로 느끼는 것이 참교육일 것입니다.

엄마! 판소리가 이렇게 재미있는 거야?

어느덧 '떠나자! 소리여행'을 다녀온 지도 1주일이 지났습니다.

너무나 정신없이 지낸 1주일이었습니다. 그리고 마음속에는 항상 국립국악원에 빚진 기분이 가시질 않습니다. 그래서 감사의 편지를 꼭 드리고 싶었습니다.

올해는 우리 가족에게 특별한 해가 된 것 같습니다. 동료로부터 국립국악원에 좋은 프로그램이 많다는 얘기를 들었을 때만 해도 국악에 재능이 있거나 관심이 많은 사람들이나 이용하는 것으로 생각했습니다. 내가 직접 참여한다는 생각은 전혀 하지 못했습니다. 그런데 우연히 홈페이지에 들어갔다가 주말 가족강좌 중 단소를 신청했는데 높은 경쟁률을 뚫고 당첨되었습니다. 신청하면 거의 다 되는 줄 알았는데 4 : 1의 경쟁률이었다고 합니다.

처음 신청할 때는 아이들만 배우면 되는 줄 알았지만 부모까지 함께 수강해야 된다니 망설여졌습니다. 하지만 부모가 배워야 아이가 배울 수 있다고 하니 하는 수 없이 4학년 큰아이와 다섯 살짜리 딸아이까지 모두 신청하게 되었습니다.

'주말 가족 국악강좌'는 12주 과정으로 주말마다 참여해야 한다는 것이 쉽지 않았습니다. 그러나 아이들과 함께 국악이라는 새로운 세계를 접하면서 많은 것을 배우고, 국악의 다른 분야에도 관심을 갖게 되었습니다.

특히 단소 소리 내는 것을 전문가 선생님에게 배웠지만 쉽게 소리가 나지 않았습니다. 집에서는 소리가 나도 국악원에 가면 소리가 안 나고…. 아마 직접 배우지 않았더라면, 아이가 소리를 내지 못했을 때 그것도 못하냐고 야단쳤겠지요. 하지만 아이와 함께 배우면서, 지금은 집에서 조금씩 연습하면서 서로 가르쳐주기도 합니다. 이러한 과정이 육체적으로는 좀 피곤하지만 정신적으로는 삶의 활력소가 되고 있습니다.

다섯 살짜리 딸아이는 "엄마! 우리 단소 배우러 언제 가요?" 하고 물으며 주말이 오기만 손꼽아 기다리곤 했습니다. 어느 순간 가족의 스케줄이 국악원 프로그램 위주로 바뀌었습니다.

이번 여행에 대한 내용은 참여하신 여러분이 글을 올려주신 것처럼 너무너무 좋았습니다. 도심에서 살기 때문에 계절의 변화를 느끼지 못하고 그냥 지나치는 경우가 많았는데, 여행 내내 산과 가로수의 연둣빛 물결, 군데군데 피어 있는 진달래, 철쭉들…. 자연이 빚은 아름다움을 아이들에게 한껏 보여줄 수 있어 무엇보다 좋았습니다. 또한 알찬 일정으로 지루하지 않았고 모두 의미 있는 시간이 되어 더욱더 좋았습니다.

특히 노래나 놀이지도, 박물관, 춘향 테마파크, 지리산, 화엄사, 판소리를 설명해 주신 분들이 모두 해당 분야 전문가여서 어른인 저도 많은 것을 배웠고, 아이들도 스스로 참여해서 관심을 갖고 지켜보는 모습이 좋았습니다.

딸아이가 춘향가 중 〈사랑가〉를 듣고 "엄마! 판소리가 이렇게 재미있는 거야?" 하고 물었을 때, 우리가 추구해야 할 교육의 참모습이 이런 것이 아닐까 생각했습니다. 체험을 통해 스스로가 마음속으로 느끼는

것…. 집과 학교에서 부모나 교사들이 일방적으로 이것 해라, 저것 해라, 하고 시키는 모습을 생각하며 반성의 시간을 가졌습니다.

저는 개인적으로 국악놀이 시간이 기억에 많이 남습니다. 흔히 오락은 노래로 시작해서 노래로 끝나기 때문에 저처럼 노래 못하는 사람들은 놀이를 즐기기보단 벌칙에만 신경 쓰게 되어 전혀 즐겁지 못한 경우가 많습니다. 하지만 이번 국악놀이마당은 엄마, 아빠, 아이들이 배가 아플 정도로 웃었는데, 전혀 부담이 없다는 것이 특히 좋았습니다.

목이 쉬지나 않을까 걱정이 될 정도로 열심히 지도해 주신 강세영 선생님, 국악놀이 시간과 국악체조 시간에 마구마구 엔돌핀이 샘솟도록 웃음과 즐거움을 주신 한명임 선생님, 프로그램 내내 한 치의 오차도 용납하지 않으신 임현정 선생님, 그 밖에 프로그램에 참여하신 모든 선생님들 고생 많으셨고요, 너무너무 감사드립니다.

그리고 저렴한 비용으로 이런 프로그램을 마련해 주신 국립국악원에도 감사의 말씀을 전합니다. 앞으로도 국악을 접하기 어려운 소외 계층에게 이런 기회가 더 많이 제공되었으면 하는 바람을 가져봅니다.

마지막으로 국악 보급에 노력해 주시는 많은 분들이 계시기에 우리 국악의 미래에 희망이 있다고 생각합니다. 모든 관계자분에게 감사의 말씀을 전합니다.

친절은 감동입니다

국외여행 허가를 친절하게 상담해 준 병무청 직원

사실, 제가 병무청 방문이 처음이어서 마음이 몹시 떨렸습니다. 직원들이 모두 딱딱한 군인들 아닐까? 그러면 나는 얼마나 당황하고 허둥댈까? 그러나 제 생각은 기우였습니다. 막상 방문해 보니 그곳은 일반 동사무소처럼 편안한 분위기였고 직원들은 친절하기 그지없었습니다.

친절한 상담 정말 고마워요

김효영님께—

　너무 고마워서 고마운 마음을 글로 전하고 싶었습니다. 모든 서류에 자신감이 있다고 믿었는데, 간혹 잘 이해하지 못하는 부분이 생길 경우에는 난감합니다. 제가 성격이 소심해서인지 몇날 며칠을 전전긍긍 고민하고 애를 썼지만 해결되지 않았습니다. 그래서 '병무청을 직접 방문해서 실무자와 의논해 보면 뭔가 좋은 결과가 생길 수도 있지 않을까?' 하고 생각했습니다.

원주에서 춘천으로 가면서 '병무청은 군행정기관이라 분위기가 너무 딱딱하지 않을까?', '혹시 바쁜데 시간을 뺏는 건 아닐까?', '냉소적으로 대하지는 않을까?' 등등 여러 가지 부정적인 생각이 들었습니다.

강원지방병무청 민원실은 조용하고 아늑한 분위기였습니다. '국외여행허가'라고 씌어진 곳에 가서 "안녕하세요, 저의 아들 병역 문제에 대해서 상담 좀 하려는데 여쭤어봐도 되겠습니까?"라고 조심스럽게 물었더니 한 직원이 친절하고 상냥하게 일단 자리에 앉으라고 권했습니다. 그 직원의 이름은 김효영씨입니다. 전 편안한 마음으로 고민하던 문제를 털어놓았습니다.

"제 아들이 지금 독일에서 공부를 하고 있는데 여권기간 만료일이 다가와 어떻게 처리해야 하는지 잘 모르겠습니다. 독일대사관에 문의했더니 병무청에서 국외여행 허가를 받아야 한다고 하는데… 시간도 오래 걸리고 빨리 서두르지 않으면 아이가 공부를 포기하고 한국으로 들어와야 하는지, 지금 한국 나이로 스물네 살인데 언제까지 허가가 가능한지…."

저의 이야기를 들은 김효영씨는 친절하게 국외여행 허가절차를 안내해 주었습니다. 무엇보다 그분의 잔잔한 음성이 제 마음을 진정시키고 안정감을 갖게 했습니다. 덧붙여 우리 아이가 계속해서 공부할 수 있는 방법까지도 자세히 설명해 주어서 전 너무 기뻤지요. 그래서 집으로 돌아오는 마음이 한결 가벼웠습니다.

사실, 제가 아들 문제를 전화로만 문의했었고 병무청 방문은 이번이 처음이어서 많이 긴장했었습니다. '직원들이 모두 딱딱한 군인들 아닐까? 그러면 나는 얼마나 당황하고 허둥댈까?' 그러나 제 생각은 기우였습니다. 막상 방문해 보니 그곳은 일반 동사무소처럼 편안한 분위기였고

직원들은 친절하기 그지없었습니다.

민원상담실을 방문하는 모든 민원인에게 우리 김효영씨의 미소가 활력소가 되었으면 좋겠습니다. 상담을 마친 후 아들과 통화를 했는데, 다행히 지금 수강하고 있는 민속학 전공은 석사과정(대학원)이라고 하더군요. 독일어로 MAISTER라는 과정인데 모든 서류가 제대로 접수되어 아들이 편안한 마음으로 공부를 계속할 수 있으면 좋겠습니다.

독일대사관에 서류를 접수하고 귀국보증서를 준비해 병무청에서 연락이 올 때까지 기다리고 있겠습니다. 강건하시길 빕니다. 저는 디지털보다는 아날로그에 가까운 세대라 그런지 지나간 신정보다는 다가올 구정에 더 애정을 갖고 있답니다. 새해 복 많이 받으세요.

아름다운 강원도의 산천과 인심

민원실장님 보세요.

저는 원주에 사는 명동춘이라는 사람입니다. 제 아들의 국외체류 허가 문제로 2005년 1월 22일, 강원지방병무청 민원실을 방문했습니다. 그때 김효영씨로부터 자세한 설명과 기간연장 절차와 방법에 대하여 안내를 받았습니다.

돌아오는 길에 너무 고마운 마음이 들어 이렇게 편지를 띄웁니다. 저희 부부는 한국 생활이 그리 오래되지 않아 모르는 것이 많습니다. 제가 김효영씨에게 많은 것을 물어보아도 귀찮아하지 않고 조목조목, 차근차근 설명해 주어서 아들의 병역연장 서류를 작성하는 데 많은 도움이 되었습니다.

저희 부부가 강원도 원주에서 거주한 지는 6년 정도 되어갑니다. '참으로 살기 좋은 강원도'란 말이 틀리지 않습니다. 서울에서 살 때에는 다툼이 종종 있었는데, 원주로 이사한 후로는 사소한 다툼도 크게 줄었고 오히려 즐거운 일들이 자주 생겼습니다.

제 남편은 독일에서 예술철학을 전공했는데, 강원도로 이사하여 산천 계곡을 체험할 수 있는 여행 기회가 있었습니다. 참고로 남편은 장애 2급 입니다. 각 유원지, 사찰 등에 장애인을 위한 편의시설이 마련되어 있는 데(예를 들면 주차요금 할인, 입장요금 할인 등), 이러한 혜택을 기쁘게 받으면서 우리나라도 복지가 많이 좋아졌다는 생각이 듭니다.

이번에 제 아들 국외여행 기간 연장에 대한 자세한 용어 해설도 듣고 독일에서의 대학 생활도 계속할 수 있는 방법을 문의하고자 방문했는데, 김효영씨께서 자세히 상담해 주신 덕분으로 아마 제 아들이 독일대사관에 제대로 서류를 접수했으리라 믿습니다. 김효영씨는 칭찬받을 만한 사람이라 생각합니다. 이런 담당자와 함께 일하시는 실장님께서는 부하직원을 자랑스럽게 생각하셔도 될 듯합니다. 막연히 병무청에 대한 국민들의 인식이 많이 좋아졌다고만 생각했었는데, 얼마 전 모임에서 강원지방병무청 민원봉사실 이야기를 했더니 모두들 공감하는 눈치였습니다.

부족한 제가 이런 글을 쓸 수 있어서 너무 기쁩니다. 앞으로도 모든 직원분이 민원인들을 친절히 대해 주셔서 많은 기쁨을 줄 수 있기 바랍니다.

| 이희순 | 경남 창원시

아픈 삶을 치유해 준 따뜻한 격려

국민의 아픈 고충 함께 나누는 국민고충처리위원회

사업을 직접 하지 않고 명의만 빌려준 저에게 고지된 세금은 정말이지 청천벽력과 같았습니다. 집이 압류되고 월급에 차압이 들어오고. 아무리 세무서에 가서 하소연해도 해결 방법이 없었습니다. 다행히 국민고충처리위원회를 알게 되었고 제 억울한 일을 하소연할 수 있었습니다.

국민고충처리위원회 위원장님 귀하

위원장님 안녕하십니까?

저는 민원번호 2BA-0512-010782 '실제 사업과세 요구'에 대해 민원을 제출한 이희순이라는 사람입니다. 제가 위원장님께 말씀드리려는 것은 위원회의 직원 박경철 조사관에 대해서입니다. 저의 사연과 함께 박조사관님이 얼마나 친절하고 따뜻하게 대해주셨는지를 말씀드리고자 합니다.

저는 한 직장에서 25년 이상 직장생활을 하고 있습니다. 그런데 약 10

년 전인 1996년부터 저에게 전혀 생각지도 못한 황당한 일이 일어났습니다. 그 일은 제가 감당하기엔 너무 어려운 현실이어서 지금까지 10년이 넘도록 정신적·금전적 피해를 당하며 살아왔습니다.

사연인즉, 가요주점 과세자 명의 때문에 힘든 생활을 하게 된 것입니다. 실질적으로 영업을 한 사람은 따로 있고 저는 단지 제 명의만 빌려주었을 뿐입니다. 그 대가로 어떤 보상을 받았다면 문제가 다르겠지만 절대 그런 사실이 없었습니다. 그런데 세금이 체납되어 집으로 압류통지가 날아온 것입니다. 저는 통지를 받은 후에야 세금이 체납되었다는 사실을 알게 되었습니다. 저는 그로 인해 모든 재산 및 급여까지 압류되었습니다. 토지보상으로 편입된 대금은 세무서에서 압류하여 가져가버리고, 다른 부동산은 공매 처분되었습니다. 당시 IMF로 부동산 가격은 떨어질 만큼 떨어져 형편없는 가격으로 공매 처분되고 말았습니다. 그리고 다니던 직장에서도 명예퇴직이란 제도가 도입돼 저에게도 직장을 그만두라고 야단이었습니다.

이처럼 저는 세금 때문에 재산에 막대한 피해를 입게 되었습니다. 그당시 금리는 18~25%의 고금리로 운영되었기 때문에 재산의 경매, 공매는 보통 5차에서 8차까지 떨어져 낙찰되니 재산적 피해는 말로 표현할 수 없을 정도였습니다. 원금 상환은 되지 않고 이자의 일부만 갚다 보니 부채는 전혀 줄지 않고 재산만 날리는 형편이었습니다.

저는 세무서를 문이 닳도록 찾아가서 실제로 영업한 사람에게 세금을 부과해 달라고 애원했지만 아무 소용 없었습니다. 그러던 중 세무서에 민원고충처리반이 생겨 운영한다는 기사를 읽고 창원세무서에 찾아가 내용을 설명했습니다. 그리고 고충처리를 접수했으나 모든 관련 서류가 본인의 명의로 되어 있으므로 신청을 받아줄 수 없다는 답변만 들었습니다. 2005년 8월에는 저의 직장으로 또다시 급여압류가 통보되었습니다.

직장에서는 또 난리가 났습니다. 직장생활만 해온 사람에게 무슨 세금이 체납되었길래 이 많은 금액이 압류되느냐고 말입니다. 회사에서는 연말까지 정리하든지 세무서에 가서 직장에 압류를 넣지 못하도록 하든지, 어떻게든 해결하라고 독촉했습니다. 결국 저는 그 일로 회사로부터 인사조치하겠다는 인사징계처분 통지까지 받았습니다.

저는 창원세무서 서장님에게 면담을 신청했습니다. 그리고 지금까지의 내용을 얘기했더니 그때 해결하지 않고 왜 지금까지 끌고왔느냐며 해결 방안을 모색해 보자며 고충처리 담당자를 불러 민원을 접수해 주셨습니다. 제 서류는 부산국세청으로 넘어갔는데, 답변 결과는 역시 안 된다는 것이었습니다. '이제는 25년 이상 다니던 직장마저 그만두고 노숙자 생활이 시작되는구나' 하는 생각에 앞으로 어떻게 살아가야 할지 암담하기만 했습니다.

창원세무서에 고충처리 민원을 접수할 때 청와대에도 접수시킬까 하여 인터넷으로 찾아보던 중 우연히 국민고충처리위원회를 알게 되어 그곳에 접수시켰습니다. 그런데 곧 전화가 왔습니다. 그분이 바로 박경철 조사관이었습니다. 그분은 내용을 잘 읽어보았다고 하면서, 그 동안 마음고생이 많았겠다며 위로해 주었습니다. 그리고 일단 세무서에 접수를 시켰으니, 그곳의 결과를 지켜보면서 문제를 해결해 나가자고 하셨습니다. 전화로만 이야기했지만 민원인의 아픔을 잘 아는 것 같아 마음이 놓였습니다.

몇 달 후 세무서의 결과 내용을 전화로 말씀드리니 관련 서류를 보내달라고 해서 보내드렸는데, 제 서류를 받자마자 바로 전화를 해주셨습니

다. 내용을 다시 검토하여 조사토록 하겠다는 그분의 말 한마디 한마디
가 민원인의 입장에서 생각하고 판단한다는 느낌이 들었습니다.

박경철 조사관님은 처리 기간 동안에도 저한테 수시로 전화하여 위로
의 말씀과 지금까지의 처리 내용을 설명해 주시면서 빨리 처리토록 하겠
다며 이해를 구했습니다. 그러던 중 심의 결과도 저한테 전화로 먼저 안
내해 주면서 관련 내용이 문서로 갈 것이니 관할 세무서에서 잘 처리되
어 좋은 결과가 있으면 좋겠다고 말씀하실 때, 그간의 마음고생이 씻겨
내리는 듯한 기분이 들며 왈칵 눈물이 흘렀습니다.

박경철 조사관님, 그 동안 저의 민원 때문에 정말 고생 많이 하셨습니
다. 국민고충처리위원장님, 저한테 좋은 결과가 나와서 더욱더 감사의
말씀을 드리고 싶습니다. 지금 창원세무서에서 재심의 중에 있습니다만

좋은 결과가 나올 것으로 기대하고 있습니다.

보잘것없는 한 민원인의 일에 이렇게 정성껏 처리해 주시니 고맙습니다. 향후에도 저와 같은 민원인들에게 많은 힘과 용기가 되어주시기를 바라마지 않습니다. 정말 고맙습니다.

PART 3

부처별 우수 사례

당신을 가장 먼저 생각합니다

| 김은주 | 교육인적자원부 특수교육정책과

나는 병원에서도 학교 간다?

만성질환으로 입원한 건강장애 학생, 유급 걱정 끝!

이들은 오랜 기간 동안의 치료와 질병으로 정신적·인지적·신체적 기능에 어려움을 갖고 있다. 또한 이러한 사정 때문에 학습은 물론 또래와의 관계에서도 어려움을 나타낸다. 그럼에도 부모들이 아픈 자녀를 이끌고 '얼굴도장'을 찍기 위해 학교에 가는 것은 최소한 유급만은 면하려는 아픈 발걸음인 것이다.

아픈 것도 눈물나는데 학교까지…

백혈병을 앓고 있는 열한 살 경민이 엄마는 아이가 치료 때문에 자주 입원해야 하고 따라서 출석을 자주 못해 유급 위기에 처해 있다며 속상해했다. 경민이 담임선생님께서는 학교에 나오지 않으면 유급을 당할 테니 그냥 잠깐 얼굴만 비추고 가라고 하지만 그게 말처럼 쉽지가 않다.

모자도 써야 하고 마스크도 써야 하고 긴 옷도 입어야 하는 등 그 어려움이 한두 가지가 아니다. 경민이 엄마는 "학교라는 곳은 친구들과 어울려서 수업을 받고 친구들과 함께 생활하는 것을 배우는 곳인데 그냥 나가서 눈도장 찍는 것이 무슨 의미가 있는지 의문이 든다"고 하소연하면서 아이의 유급 걱정을 했다.

여덟 살 진민이는 지난해 유급을 당해 다시 1학년을 다니고 있다. "엄마, 내년에 2학년에 못 올라가면 어떻게 해"라고 진민이가 또 유급당할 것을 걱정하며 악착같이 학교에 나가는 모습을 보면 가슴이 아프다고 진민이 엄마는 울음을 참아가며 말한다.

병을 앓고 있지만, 아이들은 어떻게든 학교에 가서 공부하고 싶어하는데, 아픈 애는 집에 있으라고 하는 선생님의 말씀이 더 가슴 아프다는 진민이 엄마의 말 속에서 학령기 아이들에게 교육이 얼마나 소중한가를 여실히 알 수 있었다.

진정 그들이 필요로 하는 것은 무엇일까?

초·중·고 학생 중 질병으로 인해 휴학·중퇴한 학생은 2001년 7,108명, 2002년 8,269명, 2003년 8,288명이다. 이들은 오랜 기간 동안의 치료와 질병으로 인해 정신적·인지적·신체적 기능에 어려움을 가질 수 있고, 이러한 사정으로 인해 학습은 물론 또래와의 관계에서도 적잖은 어려움을 나타낸다. 부모들이 아픈 자녀를 이끌고 '얼굴도장'을 찍기 위해 학교에 가는 것은 최소한 유급만은 면하려는 아픈 발걸음인 것이다.

이미 일본이나 미국, 독일, 스위스 등에서는 장기 입원 및 통원치료 등 의료적 지원을 계속 받아야 하는 건강장애를 특수교육 대상 장애에 포함하고 있다. 우리나라에서도 2001년 조정무 의원 외 20인이 '건강장애' 관련 법률개정안을 발의했다. 그러나 교육위원회의 검토 및 심사 결과,

건강장애라는 개념이 너무 포괄적이고 일반교육이 아닌 특수교육에서 건강장애아동의 교육을 담당하는 것은 적절하지 않다는 이유로 개정안은 본회의에 부의하지 않기로 결정되었다.

그러나 특수교육 분야에서는 학습권이 보장되지 않고 방치되어 있는 학생들에 대해 적절한 교육적 지원을 제공하는 데 관심을 갖고 있기 때문에 만성질환으로 학업을 중단하는 학생들을 모르는 채 방관할 수 없었다.

용어가 중요한 게 아니다, 도움이 중요하다

2001년 발의되었던 건강장애가 용어의 개념이 모호하고 너무 포괄적이라는 지적을 받았기 때문에 2004년 개정안을 마련할 때는 '병·허약'이라는 용어로 바꾸었다. '병·허약'을 특수교육 대상 장애에 포함하는 특수교육진흥법 일부 개정안은 2004년 3월 시·도 교육청 의견수렴과 우리 부 내 토론회를 거쳐 부총리 결재를 받았다. 법제처 심사를 의뢰하기까지도 만성질환으로 인해 특수교육 지원을 받게 될 학생은 '병·허약'을 지닌 학생이었다.

하지만 법제 심사 과정에서 '병·허약'이라는 용어가 쉽게 이해되지 않는다고 지적되었다. 따라서 예전에 합의되지 않은 용어라는 이유로 거절당했지만 이미 학계에서 사용하기 시작한 '건강장애'를 사용하는 것이 더 적절하다는 판단 하에 '병·허약'은 '건강장애'로 재차 바뀌었다. 중요한 것은 '용어'가 아니라, 도움을 필요로 하는 학생에게 도움을 줄 수 있는 근거를 마련하는 것이라는 데 모두 동의한 것이다.

2005년 3월 24일 드디어 '심장장애·신장장애·간장애 등 만성질환으로 인한 건강장애'가 특수교육진흥법 제10조 제8호로 공포됨으로써 건강장애는 특수교육 대상에 포함되기 시작했다.

희망이 보인다. 부모님들의 안도의 한숨

이제까지 부모의 개인적인 부담으로만 여겨졌던 병원에서의 학업 문제가 공식적인 제도로 해결될 수 있도록 법적 근거가 마련되었다는 점만으로도 부모님들은 환영의 뜻을 표했다. '장애'라는 이름으로 분류가 되더라도 아이에게 도움을 줄 수 있으면 다행이라고 생각하는 부모들이 더 많았다.

"내 아이는 그 혜택을 받지는 못했지만, 다른 아이들이라도 그 혜택을 받을 수 있으니 늦게나마 천만 다행"이라며 전화하는 분들도 있었다. 백혈병에 걸렸다가 완치된 한 학생은 자신이 겪었던 학창 시절의 어려움을 밝히면서, 법개정을 통해 건강장애 학생들에 대한 관심이 높아진 것을 환영했다.

나는 병원에서도 학교간다?

2005년 7월 28일에 방영된 EBS 연중 기획 〈교육이 미래다〉 프로그램 중 '우리도 공부하고 싶어요'를 보면 건강장애 학생들에게 있어서 병원학급이 얼마나 큰 힘이 되고 놀라운 영향력을 미치는지 알 수 있다.

한창 유치원을 다녀야 할 나이에 백혈병 때문에 3주마다 열흘씩 입원

해서 항암치료를 받는 다섯 살 수아. 수아의 엄마는 "방금까지 자지러지게 울었다가도, 아프고 힘들고 괴롭다가도 돌아서서 그것을 잊을 수 있는 뭔가가 있다는 것이 좋은 거지요. 병원학교가 그런 존재인 것 같아요. 아파서 펑펑 죽을 것처럼 울다가도 재미있게 할 수 있는 것들이 마련된 공간, 병원학교가 있어서 다행입니다"라며 병원학교가 있음으로 수아가 그나마 아픔을 견딜 수 있고, 엄마로서도 아이가 고통을 잊고 뭔가 배울 수 있어 다소 마음이 놓인다고 말한다.

전국에 21명뿐인 희귀병 만성 유아종염을 앓고 있는 열두 살 태완이의 어머니는 "태완이가 병원학급에 다니면서 그곳 수업이 출석 일수로 인정되어 유급을 면하게 되었다"며 안도의 한숨을 내쉰다. 병원 치료를 받다가도 유급될 상황이라 어쩔 수 없이 먹는 약으로 바꾸곤 했는데, 지금은 그런 부담 없이 학교 정식수업으로 인정되어 유급 걱정 없으니까 치료도 마음놓고 받을 수 있게 되었다고 한다.

그 규모나 운영 면을 보면 분명 자그마한 학급이라고 하기에도 부족하지만, 아이나 부모들에게 병원학급은 분명 '병원학교'였다. 무엇보다 유급되지 않고 출석 일수로 인정받아 학력을 인정받을 수 있어 한시름 놓게 되었다고들 말한다. 이런 처지에 놓인 부모들은 오랜 치료 과정에서 자칫 위축될 수 있는 아이의 심리적·정서적 측면이 개선되길 바라고 있었다. 또한 궁극적으로는 학교에 돌아가서 별 어려움 없이 학교생활에 적응하고 친구들과 잘 지낼 수 있도록 지원받고 싶어했다.

생각을 바꾸면 길이 보인다?

이제까지 소아암, 백혈병 등 만성질환으로 인해 병원 치료를 장기적으로 받아야 하는 학생들이 학교에 안 오는 경우 결석처리하면 그만이었다. 우리부 내 학사운영 담당자에게 문의해 보았는데, 이들에 대한 특별한 대책이 없는 것으로 확인되었다. 물론 담임선생님에 따라 '눈도장'이나 전화 통화로 출석처리가 가능한 사례도 있고, 제도상의 변화없이도 부지런한 교사는 병원에 찾아와 도움을 주기도 할 것이다.

그러나 건강장애 학생들이 완치되지 않은 몸을 이끌고 무리하게 출석 일수를 채우려는 까닭은 학교생활에서 가장 중요한 또래들과의 관계를 지속적으로 유지하고픈 바람에서다. 병이 다 나은 후 또래가 아닌 동생들과 함께 지낸다는 것은 아이들에게 더 큰 고통일 수도 있다. 부모가 보기에 아이의 학력 저하는 그리 중요하지 않다. 특히 아플 때는….

부모님들은 우선 아이들이 건강하게 살 수 있기를 바라고, 공부는 조금 뒤지더라도 또래들 틈에서 소외당하지 않고 그저 잘 지낼 수 있기만 바랄뿐이다.

이런 측면에서 완벽하게 학교에서처럼 똑같은 수업을 할 수도 없고 수업 일수도 턱없이 부족하지만, 병원학급에서의 교육활동 참여를 수업으로 인정해 유급을 면할 수 있도록 한 이 제도는 충분히 환영받을 만하다. 그래서 입원한 아이들이 "난 병원에서도 학교에 간다!"고 학교 친구들에게 자랑 아닌 자랑을 하는 것이다.

갈 길은 멀지만 희망을 버리지 말고 더욱더 노력하자

학생의 학습권은 어떤 여건 속에서도 보장되어야 한다. 이제 겨우 만성질환으로 인한 건강장애 학생을 특수교육 대상에 포함하는 법적 근거가 마련되었을 뿐이다. 이들에게 양질의 교육을 어떻게 제공할 것인지는 여전히 해결해야 할 문제로 남아 있다. 아직 가야 할 길이 멀지만 더 나은 환경 마련을 위해 노력을 아끼지 말아야 할 것이다.

| 김희숙 | 병무청 혁신인사기획관실

입영 고민, 병역설계사와 상담하세요!

고객과의 1 : 1 맞춤서비스 'One to One 병역설계사'

'One to One 병역설계서비스'란 병역설계사(병무 직원)가 고객(병역 의무자)의 징병검사 이후 입영시까지 개개인의 신체조건, 적성, 희망 등을 고려해 최적의 병역의무 이행 방법을 설계해 주고 병역 이행과 관련된 모든 사항을 1 : 1로 안내해 주는 고객맞춤형 서비스 시스템이다.

내가 편하면 국민이 불편하다

2004년 10월 23일, 인천경기지방병무청 징집과 워크숍에서는 민원서비스 개선을 위한 열띤 토론이 벌어졌다. 서두부터 부정적인 의견이 터져 나왔다.

"불평, 불만 민원을 완전히 없애는 것은 불가능하다. 일반 기업도 아니고, 부담만 강제하는 행정기관이 어떻게 고객의 요구사항을 모두 들어 줄 수 있단 말인가?"

"맡고 있는 업무도 쩔쩔매는 마당에 또 무슨 일을 만들려고 하는가?"

"지금까지 병무청에서 얼마나 많은 행정서비스 혁신을 이루었는가. 그런 과정에서 우리는 또 얼마나 힘들었는지, 지금은 너무 지쳐 아무것도 생각하고 싶지 않다."

부정적 의견이 계속되고 있을 때 정희전 징집계획팀장의 차분한 목소리가 들렸다.

"불평, 불만 민원처리와 상담전화 때문에 얼마나 힘들어하는지 잘 안다. 하지만 이를 해결할 수 없는 상황으로 치부해서는 안 된다. 어떻게 하든 개선해야 하지 않겠는가. 좀더 긍정적인 자세로 개선안을 마련하자"고 의견을 제시했다.

워크숍 이후 징집과 직원들은 새로운 서비스 방안에 대해 수시로 토론을 벌였으나 업무 부담, 고객관리 등의 난제에 부딪혀 실행에 옮기지 못했다. 그때 "내가 편하면 국민이 불편하다. 우선 서비스 프로그램을 자체적으로 개발하여 소수 인원부터 서비스를 시범운영 해보자"고 정희전 팀장이 간곡하게 직원들을 설득했다.

그리하여 적극적인 서비스 모색에 들어갔으며 새로운 제도의 명칭은 전직원의 공모를 거쳤다. 많은 명칭 가운데 인생을 설계해 주는 보험회사의 생활설계사에서 아이디어를 얻어 '병역설계사 제도' 로 명명하기로 결정했다. 서비스 운영을 위한 엑셀 프로그램은 정보관리과에서 자체 개발하여 2004년 11월 15일 드디어 병역설계사 제도가 첫 걸음을 내딛게 되었다.

그러나 서비스 대상이 점차 늘어나면서 예상했던 직원들의 불만이 터져 나왔다. 그리하여 담당 업무 외에 추가적인 부담으로 인식한 직원들의 관심은 멀어져만 갔고, 2004년 말까지 80여 명에게 서비스하는 데 그쳐, 새로운 제도는 확산되지 못한 채 사라질 위기에 놓이게 되었다.

조직 차원의 중대한 결단으로 재점화

꺼져가는 불꽃은 2004년도 병무청 업무혁신 경진대회에서 병역설계사 제도가 단연 우수한 사례로 선정되며 재점화되었다. 청장의 깊은 관심과 지지 속에 모든 지방청으로 확대, 시행할 것을 지시하기에 이르렀기 때문이다. '내가 편하면 국민이 불편하다'는 신념에서 출발한 병역설계사 제도는 마침내 2005년 병무혁신 고유과제인 '서비스 혁신을 통한 고객감동 실현' 실천과제로 선정되었다. 나아가 병역설계사 제도가 전 지방청으로 확산되지 못하고 서비스 실적이 미미하며 직원들의 관심에서 멀어진 원인을 분석했다. 효율적인 서비스 시스템이 구축되지 않은 데 그 원인이 있다고 판단, 3개월여의 개발 기간을 거쳐 업무량을 획기적으로 감축할 수 있도록 CRM 공유와 병무행정 종합 정보시스템 등을 종합해서 2005년 7월 1일부로 병역설계 시스템을 구축, 본격적인 서비스 추진체계를 갖추었다.

시스템이 구축되었지만 직원들의 무관심은 계속되고, 서비스 실적은 나아질 기미를 보이지 않았다. 병역설계사가 서비스의 개념과 운영방법 등을 잘 몰랐기 때문이다. 이에 전국의 병역설계사 워크숍 등 토론회를 개최하고 그 해결방안으로 ① 병역설계 서비스 운영요령 및 실습교육을 위한 맞춤식 교육과정 운영 ② 13개 지방청을 직접 방문하여 현장교육 및 토론 실시안을 도출하게 되었다.

병역설계 서비스가 이루어낸 성과

새로운 서비스 시스템에 대한 우려와 불만 속에서 어렵게 출발한 병역설계사 제도는 담당직원의 끊임없는 설득과 신념, 업무량을 최소화할 수 있는 시스템과 고객의 시대적 요구에 대한 위기의식 공감을 기반으로 2005년 병무청 고객감동 서비스의 대표 브랜드로 자리매김하게 되었다. 병역설계 서비스 추진 성과는 크게 네 가지로 요약할 수 있다.

첫째, 맞춤식 서비스로 병무행정의 고객만족도를 높이는 데 기여했다. 고객의 눈높이에 따라 맞춤식 서비스를 제공해 신세대 병역 의무자의 고객 감동을 이끌었다.

둘째, 다양한 서비스 경험으로 직원 업무능력을 배양하고 민원 대응력을 강화시켰다. 외부 고객의 감동뿐 아니라 병역설계사 직원에게는 담당 업무 외에도 병무행정 전반의 지식을 습득하여 병무행정 전문 컨설턴트로 양성하는 데 일조했다.

셋째, 피드백 활성화로 서비스의 품질을 높이고 성과 중심의 조직운영 기반을 마련했다. 병역설계 서비스 결과 고객의 다양한 의견, 제도개선 착안 사항 등을 민원 · 제도 개선과제로 발굴해 정책개선 사항에 적극 반영했다. 이를 통해 병무행정서비스의 품질을 높이고, 기관별 · 부서별 · 개인별 서비스 실적 및 만족도를 관리하여 우수자에 대한 해외연수 등 인센티브 부여를 통한 성과 중심의 조직운영 기반을 마련했다.

마지막으로, 병무청 대표 브랜드로 맞춤형 서비스의 이미지를 높였다. 급변하는 고객의 수준에 맞춘 병역설계 서비스는 고객만족과 병무행정의 발전을 동시에 이루었다.

또한 시민참여위원 등 외부 전문가의 적극적인 격려와 더불어 '병무청=병역설계사'를 연상할 정도로 중앙공무원 교육원, 행정자치부 등 타 기관 교육에 대표 브랜드로 소개되었다.

나아가 법무부, 보훈청, 수자원공사 등 여러 기관의 벤치마킹 대상이 되어 고객감동 병무청 이미지 제고에 크게 기여했다.

끊임없이 발전하는 병역설계사

21세기는 '기술과 감성의 융합 시대'로 치열한 글로벌 경쟁시장에서 우위를 차지하기 위해서는 기술뿐 아니라 감성의 벽도 돌파해야 한다는 주장이다(2003년 삼성경제연구소 보고서). 또한 미래학자 존 나이스비트는 《하이테크 하이터치(High tech, High touch)》에서 "인간은 기술이 발전할수록 깊숙한 터치와 감정의 교감을 원한다"고 주장했다. 병무청의 고객은 급변하는 시대의 중심에 있는 디지털 세대다. 이들은 하이테크 세대이지만 감성의 서비스를 절실하게 요구한다. 그러기에 병무청의 One to One 병역설계 서비스는 고객만족을 넘어 고객감동을 실현할 때까지 끊임없이 발전시켜 나가야 할 것이다.

- "병무청에서 이런 일까지 하시다니? 이렇게 세심한 부분까지 신경 써주셔서 고맙습니다."
- "병역설계사 제도 짱입니다. 감동 *^^*" (2005. 11. 25 부산에서 ○○○)
- "감사합니다.. 한명한명씩 이렇게 연락주시기 힘드시죠? 관심 감사드리고요. 앞으로도 수고하세요." (2005. 12. 11 서울에서 ○○○)
- "자세하고 친절한 서비스에 감동받았습니다. 감사합니다." (2005. 12. 12 창원에서 ○○○)
- "자세히 알려주셔서 감사합니다. 우리나라 병역설계가 이 정도일 줄 생각하지 못했는데 정말 고맙네요.ㅎㅎ 감사합니다. 므훗~~" (2005. 12. 20 서울에서 ○○○)

나라를 위한 희생, 이제 편안히 잠드세요
국민의 피부에 와 닿는 '바로안장' 시행 등 제도개선

한편으로 유족들이 불편해하는 부분들이 다수 있음을 인식하고 있었다. 그 중 가장 안타까운 부분은 유족이 장례(3~5일장)를 마친 후 바로 안장할 수 없고 약 20~30일이 지난 후에 안장이 가능하다는 것이었다. 그것도 개별안장이 아닌 약 40위 정도를 모아서 치루는 합동안장만 가능함에 따라 이의 개선이 시급했다.

고객만족, 아직 절반은 부족

국립대전현충원은 나라와 겨레를 위해 헌신하고 가신 님들이 마지막에 오시는 곳으로 주된 업무 중 하나는 안장이다. 그런데 그 동안 유족들이 국립묘지 운영 실태를 보고 느끼면서 아쉬워하는 부분이 있었다. 고인의 장례(3~5일장)를 마친 후 바로 안장할 수 없고 약 20~30일이 지난 후에야 안장이 가능한 것이다. 그것도 개인별 안장이 아닌 약 40위 정도를 모아서 치루는 합동안장만 가능하다.

유가족의 불편을 최소화하고 시대의 흐름에 순응하기 위해서는 합동안장에서 고인의 장례를 마친 후 바로 안장할 수 있는 개별안장으로 바뀌어야 하는데, 그러기 위해서는 다음과 같은 어려움이 있었다.

첫째, 유족이 고인에 대한 안장승인 신청을 하여도 안장 대상 적격 여부를 판단하는 데 약 20~30일의 행정소요가 발생했다. 국가유공자 여부, 범법사실 유무, 20년 이상 군복무 여부 등 안장 대상 적격 여부를 확인하기 위해 국가보훈처, 국방부, 재향군인회, 경찰청 등 여러 부처의 관여가 필요했다. 따라서 행정소요 기간을 단축시킬 획기적인 대안이 요구되었다.

둘째, 개별안장을 할 수 있는 법적 근거가 관련 법령인 〈국립묘지령〉에 언급되지 않은 점도 장애 요인이었다.

셋째, 2006년도부터 개별안장을 실시하기 위해서는 안장대기 중에 있는 봉안영현(2005년 9월 말 현재 320위)이 2005년 내에 모두 안장되어야 하는 선결과제도 있었다.

넷째, 안장에 필요한 목비를 기존에는 필경사를 1주일에 한번 초빙하여 합동안장 대상자를 일괄적으로 작성해 왔으나, 개별안장이 실시될 경우에는 매일 필경사를 초빙해야 함에 따라 예산상의 문제가 발생했다.

마지막으로 개별안장을 위한 전담요원과 사무실 등이 필요했고, 이와 함께 격식 있는 안장의식을 수행하기 위해서는 군부대 지원이 필수적인데, 국방부에서 인원 부족 등을 이유로 합동안장 외에는 지원이 어렵다는 의견을 제시한 바 있어 군부대 지원을 이끌어낼 수 있는 해결방안을 모색해야 했다.

'국립현충원 안장관리 시스템' 개발

대전현충원에서는 유족의 불편함을 계속 보고만 있을 수가 없어 현 운영 실태의 문제점이 있음을 인식하고 대안을 찾기 위해 국방부 등 관련부처 및 기관들과 많은 토론과 회의를 거듭했다. 그 결과 '안장관리 시스템' 구축이 필요하다는 최종 결론을 도출하고 동 시스템 개발을 국방부에 요청하게 되었다.

국방부도 이에 공감하여 소속 기관인 국방전산관리소의 전산기술능력을 활용하고 대전현충원에서 제시한 자료와 의견 등을 수렴하여 '안장관리 시스템'을 구축해 나갔다. 또한 경찰청 등 관계부처를 직접 찾아가 토론과 설득을 통한 협조를 이끌어내는 등 적극적으로 일을 추진한 결과, 2005년 7월 '국립현충원 안장관리 시스템'이라는 획기적인 시스템이 개발되기에 이르렀다.

이 시스템의 개발로 관계부처 협의사항 등이 문서에서 전산으로 이루어지게 되어, 안장 신청에서 승인까지의 기간이 크게 단축되었다. 이에 따라 모든 안장 대상자를 전통의 장례 기간(3~5일장) 내에 국립묘지에 안장할 수 있게 되었고, 유족들은 안장승인 여부를 휴대폰 문자메시지로 통보받게 되어 더 이상 초조하게 결과를 기다리지 않게 되었다.

또한 때맞추어 국가보훈처에서 개별안장을 시행할 수 있는 '국립묘지의설치및운영에관한법률'을 제정·공포(2005년 7월 29일)함에 따라 개별안장을 시행할 수 있는 법적 근거도 마련되었다.

그리고 군부대 지원 문제는 국방부에 국가의식의 소중함을 인식시킴으로써 개별안장의 경우에도 합동안장과 같이 헌화병, 조총병, 호위병, 영현봉송병 등이 계속 지원될 수 있도록 협조를 이끌어냈다.

토요일에도 '개별안장' 시행

주 5일근무제가 시행됨에 따라 휴무토요일에는 '개별안장'을 하지 않아 유족들이 큰 불편을 겪게 됨을 인지하고, 토요일에도 '개별안장'을 하기 위하여 '토요개별안장식 운영지침'을 제정, 2005년 8월 25일부터 시행했다.

제주는 관내 대기자인 현충원장과 과장으로 하고 안장 등 제반 행사를 수행하는 특별 근무조를 편성해 운영하고 있다.

토요근무는 휴일근무에 따른 개인적인 어려움이 있음에도 '공직자 본연의 임무, 유족 편의 도모 우선'이라는 마음자세로 원장 이하 전직원의 자발적인 참여 하에 시행되었다. 이는 주어진 임무와 상황에 대한 인식의 공감대가 직원들 간에 이루어졌기에 가능했다.

목비 작성방법 개선

그 동안은 주 1회 필경사를 초빙하여 합동안장자의 목비를 작성했는데, 개별안장을 시행할 경우에는 매일 목비를 작성해야 하기 때문에 예산과 인력이 추가 소요되고 적시성도 부족하다는 점 등의 문제가 있었다.

이에 유족이 영현을 모셔올 경우 즉시 목비를 작성할 수 있고, 예산도 연간 약 1,300만 원을 절감할 수 있는 '리본' 프린터 활용 방안을 강구해서 시범운용을 거쳐 시행했다. 유족들도 개선된 목비를 보며 모양새도 예쁘고 좀더 엄숙함을 보여준다며 만족스러운 반응을 보였다.

드디어 개별안장 전면 실시

개별안장 시행을 위한 선결 문제들이 모두 해결됨에 따라, 시범운영을 거쳐 2006년 3월부로 전면 시행했고, 개별안장은 평일에 2회, 토요일에는 1회 실시하고 있으며, 유족이 희망할 경우에는 합동안장도 할 수 있도록 했다.

"국가보훈처는 이번 달부터 대전국립묘지의 안장 대상자에 대해 개별안장을 실시한다고 밝혔습니다. 보훈처는 지금까지 국립묘지 안장이 합동안장 형태로 이뤄지면서 유족들이 평균 한 달 정도 기다리는 번거로움이 있었으며, 이 같은 불편을 해소하기 위해 개별안장을 실시하게 됐다고 설명했습니다. 개별안장은 합동안장식이 없는 평일에는 하루 두 차례, 합동안장식이 있는 평일과 토요일에는 하루 한 차례 실시된다고 밝혔습니다.

– KBS 뉴스(2006. 3. 7)

개별안장을 시행하자 유족들과 보훈단체 등의 호응이 매우 높았고, 직원들에 대한 격려의 소리도 많이 들려왔다. 일일 개별안장 위수는 처음에는 안장 대상자의 50% 정도 예상했으나, 80~90%의 비중을 차지하고 있다.

유족들이 개별안장을 선호하는 주요 이유는 개별안장이 합동안장에 비해 의식이 상당히 열악할 거라는 인식을 갖고 있었으나, 합동안장과 큰 차이 없이 헌화 · 분향, 조총, 호위병, 진혼곡 연주 등 격조 높은 의식을 유지하기 때문이다. 또한 경제적 · 시간적 부담이 크게 줄어든 것도 큰 요인이었다. 개별안장이 활성화됨에 따라 적체 영현이 2005년 9월 말 320위에서 2006년 3월 24일 현재 20위로 크게 감소되었다.

유골함 운용방안 개선

국립묘지 안장시에 사용하는 유골함은 '국립묘지의설치및운영에관한법률'에 의거 통일된 규격의 유골함을 사용하도록 되어 있다.

그 동안 유족들은 개인별로 유골함을 구매하여 고인의 유골을 담아 현충원으로 모셔왔었다. 유가족이 가져온 유골함은 현충원이 보유한 규격화된 유골함에 이관한 후 폐기함에 따라 유가족은 지출하지 않아도 될 유골함 구매비용으로 연간 약 4억 원을 부담하는 실정이었다. 또한 유골 이관과 유골함 폐기에 따른 인력·예산이 소요되고 유골 이관 과정에서 유골 일부가 손실될 우려도 있었다.

이러한 문제를 해결하기 위해 국립대전현충원에서 보유하고 있는 유골함을 유족에게 사전에 지급하는 방안을 강구했다. 이에 따라 유족들은 가계부담을 덜고 정부는 국가재원을 효율적으로 운용할 수 있으며, 또한 유골함 폐기에 따른 환경문제를 해소하고 예산과 인력도 줄일 수 있어 '일거다득' 효과를 기대할 수 있게 되었다.

고객만족을 넘어 감동으로 이어지는 열린 보훈을 향해

제도 개선으로 직원들의 업무량은 평소보다 상당히 증가했지만, 그들은 유족의 입장에서 생각하며 즐거운 마음으로 업무에 임했다. 무엇보다 국민의 불편을 덜어드리기 위한 우리의 시작은 작고 미약했으나 유족들에게 기쁨을 안겨드렸다는 뿌듯함으로 자부심을 가질 수 있었다.

앞으로도 국립대전현충원은 금번 제도 개선을 계기로 삼아 국립묘지를 국민들이 쉽고 편하면서도 엄숙한 마음으로 찾아올 수 있는 '현충과 추앙의 공간, 열린 국립묘지'로 조성하고 '나라사랑 정신'을 함양하는 민족의 성지로 거듭나기 위해 혼신의 노력을 다할 것이다.

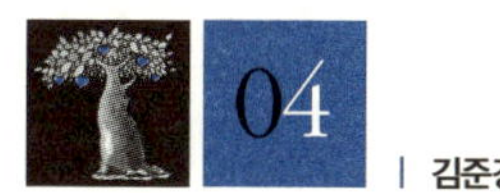

| 김준경 | 특허청 혁신인사기획팀

찾아가는 특허심사, 고객이 최우선입니다
특허청의 찾아가는 심사 서비스 실시

특허청에서는 심사업무와 관련하여 심사관과 출원인 간 의사소통이 필요하다고 인정되는 경우 한쪽의 요구에 의해 면담이 가능하다. 하지만 출원인이 심사관을 만나기 위해서는 대전에 자리한 특허청을 방문해야 하므로 많은 시간과 비용이 소요된다. 이에 전국 각처에 면담 장소를 마련해 출원인 편의를 향상시켜야 할 필요가 있었다.

심사관이 직접 찾아가는 획기적 서비스

이제까지 심사관과 출원인과의 면담은 사전에 합의한 일시에 이루어지고, 면담 장소는 특허청에서 지정하는 특허고객서비스센터에서 시행해야 했다. 면담 시간은 30분을 초과하지 않는 것이 원칙이다. 이는 공정한 심사를 위한 조치다.

면담 후 심사관은 면담 결과를 존중하여 빠른 기간 내에 심사를 진행하고, 혹 면담 결과와 상이한 판단이나 처분을 할 경우, 그 요지를 출원인에게 통지한 후 심사를 진행하고 있다.

　이러한 심사관과 출원인과의 면담제도의 운영 현황을 살펴보면, 면담 신청인은 주로 출원인인데, 이는 심사관이 통보한 의견제출통지서의 거절 이유에 대해 출원인이 자신의 의견을 제시하고자 면담을 신청하기 때문이다. 그러나 실제로 부조리 예방 및 투명한 심사를 위해 면담 장소를 특허청으로 한정하고 있고, 심사관은 사전 면담 준비 및 사후 면담기록서 작성 등 추가업무 발생을 이유로 면담을 그리 달가워하지 않는 분위기였다. 때문에 면담 신청인에 대한 배려가 부족했던 것이 사실이다.

면담제도 개선의 필요성 증대

출원인은 심사관을 만나고 싶다

출원인이 심사관을 만나기 위해서는 대전의 특허청을 직접 방문해야 하므로 많은 시간과 비용이 소요되었다. 그래서 전국 각처에 면담 장소를 마련해 출원인 편의를 향상시켜야 할 필요가 있었다.

심사관은 기술 내용을 알고 싶다

또한 심사관도 첨단 신기술에 대한 특허심사시 기술 내용이 난해하여 내용 파악에 장시간 소요되는 경우가 종종 발생했고, 첨단 신기술의 경우 발명가가 심사관보다 전문지식을 갖고 있는 경우가 더 많기 때문에 심사관의 심사 결과에 대해 발명가가 불만을 갖는 경우도 있었다. 심사관들 사이에서도 심사 착수 전에 방문면담을 실시함으로써 첨단 신기술을 단시간 내에 파악해야 할 필요성이 대두되고 있었다.

변화의 시작 : 찾아가는 심사 서비스 시범 실시

심사관의 자발적인 변화 노력

그러던 중 정부의 전반적인 행정혁신 분위기와 신임 청차장의 강력한 추진 의지가 심사관들 사이에 전파되었고, 2004년 12월 전기전자심사본부 주니어보드에서 일본의 순회심사제도를 벤치마킹하여 '찾아가는 심사 서비스'를 제안했다. 이 제안이 채택되어 전기전자심사본부에서 신기술 관련 출원의 담당심사관이 발명자를 직접 찾아가 면담하는 '찾아가는 심사 서비스'를 시범 실시했다.

- **면담 대상** : LG전자의 Blu-ray Disc에 대한 출원 등 2건
- **참가 심사관** : 특허심사를 진행하는 입장에서 해당 기술에 대한 지식이 부족함을 드러내기가 쉽지 않았지만, 결과적으로 발명자와의 충분한 의견 교환으로 궁금한 점을 해결할 수 있었다. 향후 심사에 큰 도움이 될 것 같다.
- **출원인** : 특허청의 적극적인 서비스가 정말 놀랍다. 다른 출원 건에 대해서도 이와 같은 기회가 생긴다면 좋겠다.

울타리를 넘어 – 추가 시범실시

이후 2회에 걸쳐 대상 분야를 확대해 추가 시범 서비스를 실시했다. 숙련된 심사관이 신규 심사관들과 동행 방문하여 신규 심사관을 교육하는 효과를 얻고, 다수의 발명가를 대상으로 출원명세서 작성법 등 산업재산권 제도에 대한 강의를 함께 실시하여 발명가들이 지식재산권에 대해 좀더 폭넓은 지식을 가질 수 있도록 했다.

아쉬운 점도 있다

서비스 대상을 난해한 신기술에서 찾다 보니 대기업 위주로 서비스를 실시하게 되었고, 업무 증가로 심사관의 참여 기피가 우려되었다. 따라서 이 서비스에 참여하는 심사관에게 인센티브를 부여할 필요가 대두되었으며, 출원인과 담당 심사관의 직접 대면에 따른 부조리 발생이 우려되기도 했다.

서비스의 업그레이드

시범 서비스 실시 과정에서 드러난 문제점을 반영하여 찾아가는 심사 서비스 추진 방향을 보완했다. 즉 대기업에 편중된 서비스를 보완하고자 신기술 관련 서비스와 중소기업 관련 서비스로 이원화하여 추진하고, 출원인과 담당 심사관의 일대일 만남을 지양하고 다수의 심사관이 다수의 출원인을 면담하도록 했으며, 심사관의 참여를 유도하고자 참여자에 대해 혁신마일리지를 부여하도록 했다.

신기술 관련 '찾아가는 심사 서비스'

이 서비스는 첨단 신기술 관련 출원의 담당 심사관이 신속한 발명내용 파악을 위해 발명자 그룹을 직접 방문하는 프로그램이다. 즉 담당 심사관이 신기술 출원 중심으로 대상을 선정하고 출원인 쪽에 면담요청서를 작성한 후 면담을 요청해 날짜와 장소를 확정한다. 담당 심사관 그룹이 발명자 그룹을 방문해 상담하는 것이다.

중소기업 관련 '찾아가는 심사 서비스'

특허청에서 일시 및 해당 센터를 지정하여 공고하고 다출원 중소기업을 중심으로 희망자를 접수하여 대상 건을 확정한 후, 서비스 실시 지역의 센터를 순회하며 출장심사 서비스를 제공하는 것이다. 이는 특허 서비스 인프라가 부족한 지방 소재 중소기업을 주요 대상으로 하는, 고객 중심의 특허서비스를 실현하려는 취지로 만들어진 프로그램이다.

서비스 시행과 그 이후

서비스 본격 실시 이후 16회, 27개 업체에 대해 '찾아가는 심사 서비스'가 진행되었다.

- 심사관을 어렵게만 생각했었는데, 이렇게 가까운 곳에서 면담할 수 있어서 정말 편하다. '공무원이 많이 달라졌구나' 하는 것을 직접 느끼게 되었다(출원인 P씨).
- 딱딱하게 느꼈던 특허청에 대한 이미지가 달라졌다(출원인 J씨).
- 공무원들이 혁신한다더니… 이렇게 달라질 줄 몰랐다(출원인 C씨).

대리인 사무소까지 서비스 확대

대리인은 특허청에 접수되는 출원의 80% 이상을 담당한다. 그들의 애로사항 및 개선요망 사항을 청취하여 개선하고자 대리인 사무소를 대상으로 '찾아가는 심사 서비스'를 확대했다. 방문 심사관은 이 서비스의 취지를 소개하고 대리인들의 애로사항 및 현재 특허청에서 추진 중인 '2006년까지 심사착수 기간 10개월로 단축'에 대한 의견을 청취했다.

- **참여대리인** : 특허청에서 대리인 사무소를 방문해 애로사항을 청취하는 것은 개업 18년 만에 처음 있는 일이다. 이 서비스를 향후 지속적으로 정례화하면 매우 바람직할 것이다(K변리사).

더욱 적극적인 홍보

찾아가는 심사 서비스는 좋은 취지와 반응에도 불구하고 홍보 부족으로 예상보다 추진 실적이 적었다는 점에서 다소 아쉬움이 있다. 2006년에는 정책설명회, 서비스 이용기업에 A/S 실시, 현장심사 서비스 가이드 제작, 인터넷 광고 및 블로그 활용 등 적극적인 홍보를 실시해 좀더 많은 출원인이 이 서비스의 혜택을 볼 수 있도록 노력할 예정이다.

남겨진 과제

양질의 대면심사가 되기 위하여 서비스 참가 심사관에 대한 지속적인 지원과 관심이 필요하다. 그리고 출원인의 참여 확대와 효율적인 서비스 수행을 위해 지역 지식재산센터와의 유기적인 협력관계가 요구되며, 출원인과 심사관 사이의 신뢰 유지를 위해 면담 결과의 신중한 취급이 필요할 것이다.

| 한병남 | 관세청 부산세관

"야! 세상 많이 좋아졌구나!"
인터넷 피의자 조사 시스템 구축·운영

김씨는 서울에 있는 화물운송주선업체에서 일한다. 그는 수출업체와의 업무연락 착오로 수출신고가 수리되기 전에 화물을 선적시켰다가 부산세관에 적발되었다. 조사받기 위해 부산까지 가려니 일도 바쁘고 또 죄인처럼 조사받는다는 게 체면이 말이 아니다. 그런데 부산세관으로부터 "인터넷으로 조사받는 방법이 있는데 그렇게 하겠습니까?"라는 전화를 받고 귀가 번쩍 뜨일 만큼 반가웠다. "정말로 세상 많이 좋아졌구나!"

조사(수사)기관에는 상을 준다고 해도 가고 싶지 않다!

누구든지 조사(수사)기관에는 상을 준다고 해도 가고 싶지 않다고 한다. 요즘은 조사절차가 많이 개선되고 민주화되어 인권침해 사례가 거의 없지만 조사기관에 출두하는 것 자체가 부담스럽다. 조사관이 아무리 친절하게 대해 주어도 피의자 입장에서는 불안하고 불편하다. 사소한 잘못이라도 소환되어 심문받고 지문을 날인하고 하는 과정에서 죄인 취급받는 것이 더할 나위 없이 불쾌한 것이 사실이다. 그래서 조사기관에 혐오감을 갖게 되고 상을 준다 해도 가고 싶지 않은 것이다.

인터넷 조사 도입 배경

부산항은 하루 150여 척의 외국무역선이 입출항하고 국내 반입 컨테이너 물동량의 80% 이상을 처리한다. 게다가 수많은 여행객과 선원들이 입출국함에 따라 크고 작은 관세법 위반 사건이 많이 발생한다. 지금까지의 조사는 범죄유형이나 사건의 경중을 불문하고 '피의자 소환 → 신문(조서작성) → 통고처분 또는 고발'의 천편일률적인 조사절차로 이루어져 왔다.

이러한 조사방법을 획기적으로 개선하여 일부 관세사범에 대해서는 피의자가 세관에 출두하지 않고도 조사 및 통고처분이 가능한 인터넷 조사를 실시하게 되었다. 이에 따라 피의자가 대면조사를 받는 데 따르는 수치심 등 심적 고통을 덜 수 있음은 물론, 서울 등 원거리 거주 피의자의 세관 출두에 따르는 시간과 비용 손실을 크게 해소함으로써 피의자의 인권을 보호하고 일상업무에 지장이 없도록 한 것이다.

인터넷 조사는 전자정부구현 및 국민의 행정서비스 수요의 다양화와 고품질화에 부응하고 인터넷혁명 시대에 걸맞은 조사행정을 실현함으로써, 행정편의 위주의 조사방식을 개선하여 국민편의 행정으로 전환하기 위해 획기적으로 창안된 조사방법이다.

인터넷 조사 시스템 구축

처음 인터넷 조사를 기획할 때 대부분의 실무자들이 현행 법체제 하에서는 불가능한 방법이라고 반대했으나, 당시 나경렬 세관장께서 좋은 아이디어라며 적극 지원해 주시어 시스템 구축이 가능했다. 인터넷 조사방법이 현행 조사 관련 법규정과 배치되는지 형사소송법, 관세법규 등을 면밀하게 검토하고 다각도의 연구 끝에 시행 가능한 방법을 찾아냈다.

인터넷 조사는 채팅 방식으로 질문과 답변을 주고받는 것이지만, 피의자 신상자료나 조사내용이 외부로 유출되면 '통신비밀보호법' 등에 저촉되므로 보안서버를 구축해야 한다. 이를 위해 외부 용역업체와 프로그램 개발·유지보수 및 채팅 서비스 임대계약을 체결하고, 한 달여에 걸쳐 호스팅 방식의 프로그램(전문보안서버 구축)을 개발하고 부산세관 홈페이지에 배너를 설치했다.

인터넷 조사방법

인터넷 조사는 세관장 통고처분 대상 사건으로서 위법 여부에 대한 다툼이 없는, 즉 증거가 명백한 사건을 대상으로 한정했다.

조사방법은, 먼저 전화로 조사할 업체의 업무 담당자와 위법사실 여부를 확인한 후, 인터넷 조사방법을 설명하고 조사에 응할지 여부와 통고처분시 통고이행 여부의 의사를 묻는다.

피의자가 승낙하면 조사관이 인터넷 접속방법을 알려주고, 채팅방식으로 신문조서를 작성한다. 조서 작성이 끝나면 피의자가 조서를 프린트, 조서 중간 접인과 마지막장에 자필서명 및 손도장을 찍어서 세관으로 우송토록 한다. 조서내용에 의거 고의나 과실 여부를 판단해 통고처분하고, 피의자가 통고를 이행하면 사건이 종료된다.

인터넷 조사의 성과 및 향후 발전 방향

성과

2005년에 118건을 인터넷 조사하여 모두 통고 처분했는데, 그 중 서울 등 원거리 거주자가 106건으로 90%에 이른다. 인터넷 조사는 한 건 조사에 30여 분밖에 소요되지 않으므로 사무실이나 가정 또는 PC방에서 피의자가 원하는 시간에 조사받을 수 있고, 업무 틈새시간을 이용해서도 조사받을 수 있다는 장점이 있다.

또한 조사받은 사실을 아무도 알 수 없으므로 비밀이 유지된다. 특히 과거에 세관이나 다른 수사기관에서 조사를 받아 본 사람들은 매우 놀라운 반응을 보이면서 고맙다는 편지를 관세청 홈페이지에 올리는 경우도 있다.

뿐만 아니라, 소환조사는 피의자와 조사관의 일정이 서로 맞지 않아 조사가 늦어지는 경우가 있으나, 인터넷 조사는 신속한 조사가 가능하기 때문에 미결을 줄일 수 있다. 아울러 국민의 부정적인 시각을 개선해 줌으로써 국가기관의 이미지를 높이는 데도 기여한다.

향후 발전 방향

지금은 인터넷혁명 시대다. 인터넷뱅킹, 전자상거래, 사이버증권, 전자우편, 대학강의 수강, 관공서 민원서류 발급 등 인터넷을 통한 일처리가 보편화되었으며, 점차 그 영역이 확대되고 있다. 각 수사관청의 수사업무도 원시적이고 관례적인 조사방법에서 탈피, 시대의 흐름에 맞는 방법으로 개선되어야 한다.

인터넷 조사와 같은 새로운 조사방법을 발전시키기 위해서는 형사소송법 등 관련 법령에 근거규정을 두고 전자서명제도를 도입하면 훨씬 간

편한 방법으로 조사할 수 있다. 그렇게 하면 경찰이나 검찰 등은 물론이고 '사법경찰관리의직무를행할자와그직무범위에관한법률' 상 30여 개 수사기관의 특별사법경찰관리의 수사업무에도 활용할 수 있는 등 그 이용 가능성은 무한대다.

고객만족의 블루오션을 개척하라

| 신동민 | 공정거래위원회 정책홍보팀

사이버 세상에서 만난 '공정위의 친구들'
블로그 기획에서 운영까지

공정위는 블로그 덕분에 '정부 부처 최초의 블로거'라는 긍정적인 평가를 받았다. 민간기업과 비교할 때도 선도적으로 블로그를 홍보에 활용했다는 점이 높게 평가되었다. 블로그에 담긴 내용은 생활과 밀접히 관련된 사안부터 국민 경제에 미치는 영향이 큰 정책까지 골고루 다루었으며, 어려운 내용을 쉽게 설명하는 콘텐츠도 소개했다.

국민에게 친근하게 다가갈 수 있는 방법이 없을까?

"국민들이 공정거래위원회를 친근하게 느끼도록 하라."

2005년 초 공정거래위원회(공정위) 정책홍보팀에 맡겨진 과제였다. 공정위는 국민들이 다소 경직된 조직으로 생각한다는 지적을 받아왔다. 경제검찰이란 말은 공정위의 이미지를 나타내는 대표적인 별칭이었다. 국민들이 공정위에 대해 거리감을 느낀다면 정책을 펼치는 데 어려움이 생긴다.

공정위는 전자거래, 약관제도, 하도급 등 국민의 생활과 밀접한 업무를 담당하고 있으며, 카르텔, 독점 등 기업과 관계 있는 사안들도 사실은 국민의 경제생활에 큰 영향을 주는 것들이다. 때문에 국민의 관심이 매우 중요한 부처인데, 관심을 끌기 위해서는 무엇보다 친근감을 심어줘야 했다.

일반 기업은 새로운 이미지를 알리기 위해 TV나 일간지 등 전파력이 높은 매체를 이용해 홍보하지만 정부 부처가 그렇게 하기에는 여러모로 부담이 컸다. 이에 공정위 정책홍보팀이 생각한 것은 블로그였다. 당시 각 언론에는 "MS 등 세계 굴지의 기업들이 임직원들의 블로그 개설을 독려한다"는 보도가 잇달았다. 기업들은 임직원들이 블로그를 개설해 소비자들과 일대일 커뮤니케이션을 가지면 더욱 친근한 이미지를 전달할 수 있다는 이유로 블로그 개설을 독려한다고 전했다.

공정위는 임직원 블로그를 장려하기 이전에 먼저 기관 블로그를 만들기로 했다. 그러나 예산 사정상 기관 블로그를 유료로 운영할 수 없어 포털업체가 납득할 만한 제안서를 작성하기 시작했다. 제안서를 통해 공정위 블로그에 유익한 정보를 꾸준히 제공해 결과적으로 포털에서 제공하는 정보의 품질을 제고하고, 블로그 검색 등을 통해 검색 품질도 높일 수 있다는 점을 강조했다. 다행히 다음커뮤니케이션으로부터 블로그를 무료로 개설해 주겠다는 답변을 받았고, 메뉴 구성 및 디자인 작업을 거쳐 2005년 7월 14일 공식 오픈하기에 이르렀다.

공정위 블로그(http://blog.daum.net/ftc_news)는 ▲공정위 관련 유용한 정보와 시각을 담아내는 '기획/칼럼' ▲카르텔 등 경쟁정책 관련 콘텐츠를 다루는 '공정한 경쟁' ▲소비자 관련 정보를 소개하는 '건강한 소비자' ▲대기업 정책과 관련한 '든든한 대기업' ▲하도급 정책을 안내하는 '신바람 중소기업' 등의 메뉴로 구성됐다.

공정위, 정부 부처 최초의 블로거

공정위는 블로그 덕분에 '정부 부처 최초의 블로거'라는 평가를 받았다. 민간기업과 비교할 때도 선도적으로 블로그를 홍보에 활용했다는 점이 높게 평가되었다.

블로그라는 매체는 대표적인 1인 미디어로서 방문자들이 블로그 운영자를 매우 친밀하게 느낀다는 장점이 있다. '국민들이 공정위를 친근하게 느끼도록 하라'는 홍보 목표에 잘 부합되는 도구인 셈이다. 언론의 관심도 높았다. 블로그 오픈 후 각종 매체에 10여 차례 보도됐고 일부 부처의 벤치마킹 대상이 되기도 했다.

공정위는 블로그 개설 이후 꾸준히 좋은 콘텐츠를 제공하기 위해 노력하고 있다. 주로 일상생활과 밀접한 사안을 다루면서 카르텔 등 기업과 관련된 사안이 국민 경제에 미치는 영향 등 어려운 내용을 쉽게 설명하는 콘텐츠도 소개했다.

때로는 '다단계 판매 특집', '신고포상금제 특집' 등의 특정 주제를 심도 있게 다루는 특집 콘텐츠도 소개했다. 뿐만 아니라 '신속성'이라는 인터넷의 특징에 걸맞게 '진로-하이트 기업결합', 'MS 끼워팔기' 등 주요 사안의 전원회의 진행상황과 발표문 등을 실시간으로 중계했다. 이에 대해 누리꾼들은 '새로운 시도'라며 크게 반겼다.

블로그를 통해 누리꾼 네트워크 형성 … '펌질'도 잇따라

블로그 운영이 계속되면서 사이버상에 공정위 블로그를 중심으로 네트

워크가 형성되기 시작했다. 공정위 블로그를 자주 찾는 블로그로 등록하는 블로거(blogger : 블로그를 운영하는 사람)가 생기기 시작했고, 마음에 드는 콘텐츠를 부담없이 퍼가는 누리꾼도 생겼다. 누리꾼들은 공정위에게 안부인사를 전하거나 정책에 관심을 보이기도 했다. 그들은 특정 주제를 놓고 댓글을 통해 토론을 벌이기도 했다.

누리꾼이 관심을 갖는 콘텐츠가 등록됐을 때에는 다음커뮤니케이션의 편집자가 다음 초기화면과 다음 블로그 초기화면에서 소개하기도 했다. 이 경우 소개된 콘텐츠를 접하는 누리꾼의 숫자가 수만~수십만 명대로 늘면서 정책홍보 효과를 톡톡히 거두었다.

비용 면에서 볼 때 공정위가 생산하는 우수한 콘텐츠를 제공한다는 취지 아래 무료로 개설함으로써 예산을 절감한 사실도 무시할 수 없다. 공정위 블로그의 콘텐츠가 포털 사이트 첫 화면에 게재될 경우에는 하루 수백만 원 대의 홍보 효과를 거두기도 했다. 2006년 2월 27일 블로그에 게재한 '편의점 불공정약관 시정' 관련 콘텐츠는 미디어다음의 기사로 게재되면서 3만 9,800명의 사람이 기사를 읽었고, 2월 13일 게재한 '헬스클럽 불공정 약관 시정' 관련 콘텐츠는 무려 10만 4,000명이 읽었고 139개의 댓글이 달렸다.

재미있는 것은 기존에 공정위가 운영하던 국정브리핑 내 공정위 뉴스(http://ftc.news.go.kr)의 방문자도 덩달아 늘었다(하루 20명 내외에서 200명 내외로 약 10배 증가)는 점이다.

온라인을 통한 홍보 프로모션을 할 때 적잖은 안티 세력이 찾아와 거부 반응을 나타내는 것이 일반적이지만, 공정위의 블로그 서비스는 안티 세력이 거의 없는 건전한 정보공유의 장이 되고 있다.

블로그 운영하며 각종 노하우 터득 '매일 새로워져라'

공정위 정책홍보팀은 블로그를 운영하면서 몇 가지 노하우를 터득했다. 가장 중요한 것은 매일 새로운 콘텐츠로 방문자를 맞이해야 한다는 것이다. 많은 이야깃거리가 뜨고지는 사이버 세상에서 어제와 같은 모습으로는 주목받을 수 없다. 언제나 새로운 모습과 정보로 이용자들을 맞이할 준비를 해야 한다.

새로운 콘텐츠를 등록하더라도 사람들이 흥미를 느끼지 못하면 소용 없다. 몇 번 방문해서 '재미없다'고 판단하면 다시는 해당 블로그에 방문하지 않을 가능성이 높다. 따라서 제목에서부터 내용에 이르기까지 많은 신경을 써야 하는데, 특히 제목을 잘 정하는 것이 중요하다.

사람들은 제목을 보고 '나에게 꼭 필요한 정보'라고 판단을 하게 되면 본문의 내용이 다소 어렵더라도 내용을 꼼꼼하게 읽는다. 그리고 공식적인 내용을 담은 콘텐츠보다는 필자 개인적인 내용을 담은 콘텐츠가 파급력이 높았다.

이미지, 동영상, 만화, 플래시 등 다양한 표현을 사용하는 것도 바람직하다. 이런 장치들은 주로 텍스트 콘텐츠로 구성되는 블로그에 활기를 불어넣어 주는 역할을 한다.

문제가 있다면 정책홍보팀의 업무량이 다소 늘었다는 점이다. 블로그를 새로 개설할 때마다 업무가 추가됐다. 그러나 콘텐츠를 하나 잘 만들면 '원 소스 멀티 유즈(One Source Multi Use)'라는 인터넷의 특징에 맞춰서 다양하게 활용할 수 있다. 블로그를 활용해 홍보 효과를 본 공정위는 팀장 이상 간부 전원이 개인 블로그를 만들도록 유도하고 있다.

블로그를 활용한 홍보가 단순한 '홍보'로 그치면 의미가 반감될 것 같다. '블로그를 통해 국민들과 살갑게 접촉한다' 라고 생각하고 친근하게 접근하면 홍보 효과는 원치 않아도 따라오게 되어 있다.

대한민국이 바뀌는가?

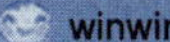 **winwin**

우연히 기사를 보고 공정거래위원회 블로그에 들어오게 됐습니다.

홈페이지가 아닌 일반인들이 쓰는 블로그에서 이런 내용의 포스트를 보게 될 줄이야…

이름 그대로 공정한 기관이 되고자 하는 노력이 엿보입니다.

더욱 투명하고 공정한 활동 기대하면서 물러갑니다. 자주 들러서 감사하겠습니다. 수고하세요!

오오옷+_+

 오오옷+_+

하이트-진로 인수건이 궁금해서 혹시나 하고 들어와 봤는데…

저녁 8시 40분 상황이면 거의 실시간 중계네요!

네티즌들과 좀더 가까이 하려는 노력으로 보여 보기 ㅈㅓㅇㅏㅇㅕ~

| 김성완 | 여수해양경찰서 혁신팀

필요하지만 예산이 없다고요?

통합메시징 서비스(UMS) 구축

여수 해양경찰서에서는 바다가족에 대한 서비스 강화를 위해 이메일뿐 아니라 문자, 음성메시지 등 다양한 채널을 통해 정보를 제공하는 통합메시징 시스템이 필요했다. 그러나 2,000만 원이 넘는 고가의 시스템을 지방의 경찰서가 도입하기에는 여의치 않은 일이었다. 하지만 자체 기술력과 구자원의 재활용, 그리고 수개월의 개발과 시험운영을 거쳐 '통합메시징시스템'을 개발했다.

바다가족들에게 감동을 주는 서비스

노무현 대통령은 지난 2005년 11월 5일 열린 '정책고객관리 토론회'에서 "PCRM(온라인 매체 운영을 통한 정책고객관계관리)의 질적 전환이 필요하다"면서 PCRM에 대한 명확한 해석을 내놓아 그 동안 이메일 마케팅 수준에 머물러 있던 PCRM(고객관계관리) 고도화에 속도가 붙었다. 이에 따라 정부 및 공공기관에서는 기업의 CRM 개념을 적용하기 시작했는데, 2005년 한햇동안 한국가스공사를 비롯해 울산광역시청, 구미시청, 전남 화순군청 등이 통합메시징서비스(UMS)를 도입하기에 이르렀다.

돛을 달아보자

여수 해양경찰서에서는 이 시스템의 도입에 대해 지속적으로 논의했으나 2,000만~4,000만 원 정도의 예산이 필요했기에 지방의 경찰서에서는 감히 추진하기가 어려운 상황이었다. 소프트웨어 구입비용으로 약 300만 원만 확보한 우리 입장에서는 부담하기 어려운 견적이었으며, 혹시나 하는 마음에 해양경찰청에 문의를 해보았으나, 역시 예산 부족의 이유로 추가 예산 배정이 어려운 현실이었다.

통합메시징서비스 도입의 필요성에는 모두들 공감하고 있었으나 예산 부족으로 도입이 어려운 상황에서 태스크포스팀을 구성하여 머리를 맞대고 해결방안을 찾기 시작했다.

우리가 도출한 아이디어는 구성원들이 직접 통합메시징 시스템을 개발한다는 대원칙 하에 첫째, K사의 X프로그램을 활용해 자체 개발함으로써 예산을 절감하고, 둘째, 개발시 구 전자결재 서버를 사용함으로써 자원을 재활용하도록 한다는 것이다.

시스템 개발을 위해 전산실 내부에 임시 개발실을 마련했으며 이곳에서 태스크포스 구성원들이 약 2개월 간의 일정으로 개발에 들어갔다. K사의 X모듈 프로그램은 1,000만 원 정도였지만, 우리의 사정을 털어놓고 여러 차례 협상을 벌였다. 그리고 얼마 후 드디어 반가운 소식이 전해졌다.

"저번에 말씀하신 프로그램 모듈을 299만 원까지 공급해 드리기로 했습니다. 윗분들과 수십 차례 회의를 했습니다. 정말 힘들었네요. 정말 끈질기게 부탁을 해서 저희도 손을 들었습니다."

아, 이 얼마나 기쁜 소식인가. 가장 큰 문제가 해결되는 순간이었다!

또 다른 시련

그러나 일은 쉽지 않았다. 개발과정에서 의견수렴 중 UMS 시스템 로그인을 위한 아이디와 비밀번호를 별도로 만들어야 한다는 말에 사람들은 귀찮다는 반응을 보였다. 전자결재 시스템, 지식관리 시스템, 성과관리 시스템 등 4~10개의 아이디와 비밀번호를 기억해야 하는 그들에게는 짜증나는 일이었다. 그리하여 사용자들이 편리하게 사용할 수 있는 시스템을 만들기 위해 합리적인 로그인 과정 개선 방안을 모색하기 시작했다.

도출된 결과는 SSO(Single Sign On)였다. 구성원들이 가장 많이 사용하고 있는 전자결재 시스템의 아이디와 비밀번호를 가지고 UMS를 로그인할 수 있도록 한 것이다. 1개월의 고생 끝에 사용자의 번거로움을 해결했고 우리가 운용 중인 전자결재 시스템의 내부 구조를 확실히 이해하게 되었다.

그러나 문제가 모두 해결된 것은 아니었다. 문자, 음성, 팩스 등 통합 메시지가 전송되기 위해서는 해양경찰청 방화벽을 거쳐 메시지가 외부 인터넷망에 있는 UMS 서버로 전송되어야 했다. 하지만 방화벽에서 해당 통로를 차단하고 있어 메시지 전송이 불가능했다. 우리는 즉시 해양경찰청의 보안담당자와 협의 후 '방화벽 특정포트 개방'을 요청했다. 정보화 담당관실에서는 신속한 보안 검토 후 차단된 경로를 개방하여 줌으로써 문제가 해결되었다.

드디어 모습을 드러내다

약 2개월의 끈질긴 노력 끝에 통합메시징 시스템이 모습을 드러냈다. KT 망을 이용하여 대용량 시스템이나 전화회선을 추가로 증설하지 않고도 신속한 메시지 전송이 가능하게 되었으며, 음성메시지의 경우 8,000회선을 이용하여 1시간에 최대 300만 건을 전송할 수 있게 되었다.

구성 내용으로는 ① 통합메시징 시스템 로그인 ② 메인 화면 ③ 메인 메뉴 ④ 문자메시지 전송 ⑤ 문자메시지 전송 결과 ⑥ 음성메시지 전송 ⑦ 음성메시지 전송 결과 ⑧ 직원 주소록 등이었다.

이처럼 통합메시징 시스템은 구성원들 간 신속한 연락 수단으로 활용되고 있으며, 유용한 사이트를 선택하면 업무 추진에 자주 사용되는 정보화 시스템 목록이 나타난다.

또한 통합메시징 시스템은 메시지를 편리하고 신속하게 전송할 수 있는 인프라를 제공함으로써, 여러 부서에서 다양하게 활용되고 있다. 문자메시지로 민원을 접수하고 민원처리가 완료되면 음성메시지로 안내

멘트가 나온다. 활용사례로는 경찰채용 시험, 인사 발령, 재직증명서 발급, 홈페이지 게시물 등록, 응급후송 환자 쾌유 기원, 수사 관련 회의 안내, 비상소집, 면허 발급 안내, 회의 일정 변경, 사고 발생시 이동지시 등 다양하다.

이 시스템의 도입 후 각 부서별로 다양하게 활용 중에 있으며, 이를 접한 민원인도 크게 감동한다. 응급구조된 한 시민은 고마움의 문자를 보내왔다.

"해안가에서 발을 헛디뎌 구조해 준 것도 고마운데, 휴대폰 문자메시지로 건강을 염려하는 메시지가 왔을 때 정말 감동이었습니다. 너무 고맙습니다."

성공이라는 이름

일반 기업체에서는 이미 도입해서 사용하고 있는 통합메시징 시스템은 기업체뿐 아니라 학교, 관공서에서도 꼭 필요한 시스템이다. 물론 이 시스템을 개발, 활용하기 위해서는 적잖은 비용이 든다. 그러나 비용이 들고 예산이 부족하다는 이유로 개발을 늦춰서는 안 된다. 하고자 하는 의지와 끈질긴 노력이 있으면 충분히 구축할 수 있다. 우리는 1,000만 원이 넘는 소프트웨어를 기나긴 마라톤 협상 끝에 저렴한 가격으로 구입할 수 있었다.

통합메시징 시스템이 갖는 의미로는 대국민 감동 서비스를 위한 창구로서 다양한 메시지를 국민에게 신속하고 편리하게 보낼 수 있다는 점이다. 또한 조직의 내부 구성원들 간 신속하고 원활한 정보 흐름이 가능해져 업무효율성이 크게 향상된 점도 빼놓을 수 없다.

앞으로 메시징 시장은 멀티미디어 메시징서비스(MMS)가 문자메시지를 대신할 예정이다. 따라서 우리는 MMS 도입도 적극 검토하여 변화에 능동적으로 대처해 나갈 예정이며, 로그인 방식이 행정전자서명으로 바뀌어가고 있는 추세에 발맞추어 UMS의 로그인 방식도 행정전자서명으로 로그인할 수 있도록 수정해 나갈 계획이다.

제대군인의 재취업, 이제 걱정마세요!
제대군인지원센터 운영

"지난해 제대할 무렵에는 정말 앞이 캄캄했습니다. 등 떠밀려 나온다는 생각에 그 동안의 군 생활
이 후회도 되고 국가에 대한 원망도 없지 않았습니다. 그러나, 지원센터의 정보제공과 도움으로 지
금 이렇게 새 삶을 살 수 있게 되어 그저 고마울 따름입니다. '국가가 끝내 우리를 버리지는 않는
구나' 하는 든든한 생각도 들고요."

어렵기만 한 제대군인의 사회복귀

직업군인들은 군인사법에 정년이 보장되어 있으나, 군의 특수한 계급구
조상 정년을 채우지 못하고 대부분 한창 일할 나이인 40대 중·후반에
전역하게 된다. 장기복무 제대군인은 오랜 기간 동안 사회와 격리된 채
생활하다 보니 사회적응력이 떨어질 뿐 아니라, 전역 후 종전의 직업과
는 전혀 다른 새로운 일에 종사해야 하므로 이들의 전직(轉職)은 갓 졸업
한 젊은 연령층의 '초기 취업'이나 동일한 전문성을 갖고 단순히 직장만
옮기는 '재취업'과는 본질적으로 차이가 있다.

특히 근래 기업조직이 슬림(slim)화되고 퇴직연령도 급격히 낮아지는 추세에 비추어볼 때 40대 후반의 제대군인들이 일반 기업체에 진출하는 것은 더욱 어려운 현실이 되었다. 2003년까지 장기복무 제대군인의 취업률은 평균 30%에 불과하며, 그나마 예비군지휘관 등 군 관련 직종에 편중되어 있어 일반 업체 진출은 상대적으로 매우 취약한 실정이었다.

더욱이 참여정부에서는 정보과학군 · 정보기술군으로의 군 구조개편을 주요 정책으로 추진하고 있는 바, 이는 필연적으로 군조직의 유연성을 수반하기 때문에 제대군인들의 성공적인 사회복귀를 위한 다양한 취업지원 대책이 시급한 과제로 떠올랐다.

혁신적 화두 – 민간인 전문가를 활용하자

제대군인에 대한 취업 알선은 1981년부터 제대군인지원에관한법률 등에 의거 일선 보훈관서에서 담당해 왔지만, 인사관리에 전문성이 부족한 일반직 공무원에 의한 취업 알선에는 한계가 있었다. 제대군인의 연령과 군 경력의 전환 문제 등 특수한 실정이 고려되지 않았기 때문이다. 또한 법률에 따라 강제적으로 기업체에 부과하는 고용명령제도는 경직적으로 운영되어 기업체와 취업희망자 모두에게 부담이 될 뿐 효율적인 지원 방안이 되지 못했다. 국가보훈처에서는 국내 · 외의 연구자료와 사례를 수집하고, 전문가 자문 등을 거쳐 기업체와 제대군인 모두에게 이익이 되는 취업지원제도를 마련하기로 기획했다.

가장 먼저 고려되어야 할 과제는 진로상담의 중요성이었다. 직업군인들이 전역을 앞두고 자신의 진로나 취 · 창업에 필요한 정보를 충분하게 제공받지 못한다면 직업 선택의 폭이 매우 좁아질 뿐 아니라, 정보의 왜곡과 낮은 신뢰성으로 성공적인 사회복귀가 어렵기 때문이다.

둘째, 전문 컨설턴트에 의한 1 : 1 맞춤식 지원을 통해 개인의 적성과 능력에 맞는 취·창업 지원이 필요했다. 제대군인 스스로 기업체가 요구하는 능력과 자질을 갖춤으로써 본인의 원활한 사회 적응은 물론, 이를 받아들이는 기업체와 나아가 국가 전체의 효율적인 인력운용에도 도움이 되는 것이다.

셋째, 진로상담과 취·창업 지원을 위한 효과적인 시스템이 구축되어야 했다. 이러한 과제의 수행에는 민간인 경력관리 전문가를 활용하는 것이 더 효율적이라고 결정했다. 심층면담 및 교육과 세미나를 위한 공간구성을 위해 지원기능이 집중화·전문화된 별도의 기구가 필요했다.

국가보훈처에서는 이를 위해 민간기업에서 활용하고 있는 전직지원 서비스 개념을 도입하기로 결정, 그 실행기구로서 2003년 하반기부터 제대군인지원센터 설립을 추진했다.

정부 최초의 제대군인지원 전문기구 탄생

2003년 6월 내부 회의에서 제대군인지원센터설치 방침이 결정된 이후, 대학교수·민간전문가 등의 자문과 청소년보호센터 등 타기관의 설치 모델을 참고하여 '제대군인 지원센터설치 기본계획'을 마련했다. 약 8개월의 준비과정을 거쳐 민간인 전문인력 8명과 파견공무원 1명 등 총 9명의 인원으로 구성된 정부 최초의 제대군인지원 전문기구가 드디어 2004년 2월 11일 문을 열게 되었다.

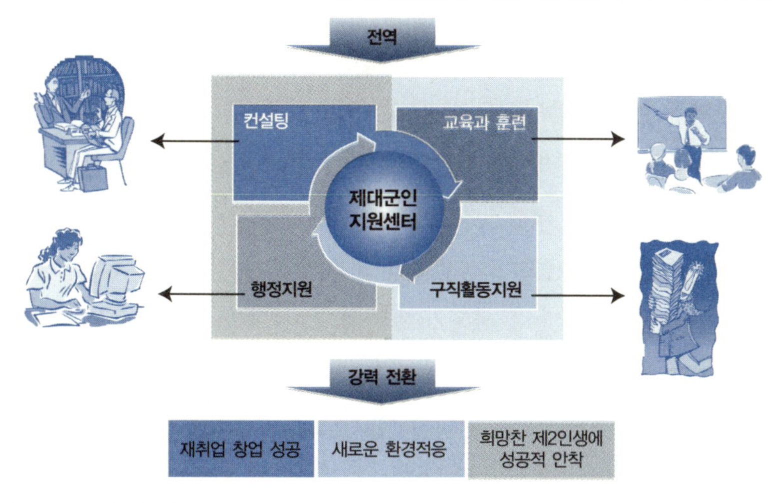

제대군인지원센터는 ① 전역 후 진로 결정에 도움을 주기 위한 적성검
사와 기초상담 ② 개인별 능력과 적성에 맞는 취·창업 지원 ③ 온라인
민원처리와 정보제공을 위한 웹사이트(www.vnet.go.kr) 운영 ④ 제대군인
의 직업능력 향상을 위한 교육비 지원 등을 기본으로, 부수적으로 지방
거주 제대군인을 위한 순회상담 프로그램 운영과 정책홍보를 위한 정기
간행물 〈제대군인광장〉 발간 등의 업무를 수행한다.

갈등과 장애를 넘어서

대부분 처음 시작하는 정책이 그렇듯이 제대군인지원센터를 설치, 운영
하는 데 있어서도 여러 장애 요소가 있었다. 갈등 요소 중에서도 가장 문
제가 되는 것은 다름 아닌 공무원들을 포함한 사회 전반의 공감대 부족

이었다.

오랜 기간 국가유공자에 대한 지원을 중심으로 일해 온 일선 보훈관서 공무원들은 장기복무 제대군인을 위한 기구신설은 우선순위상 그리 중요하지 않다는 의견이 지배적이었으며, 예산부처 등 유관기관 공무원들도 직업군인들에 대해 "자신이 선택한 직업이 아니냐? 청년실업, 노숙자 문제 등 우리 사회가 해결해야 할 문제가 산적해 있는 시점에서 연금까지 받는 제대군인에 대한 지원이 뭐 그리 시급하냐?"는 반응을 보였다.

튼튼한 국방을 원하면서도 막상 일생을 바쳐 그 일에 종사한 직업군인을 사회가 외면한다면 그것이야말로 모순이 아닐 수 없다. 대부분의 직업군인이 계급구조상 본인의 의사와 상관없이 정년을 채우지 못하고 전역해야 하므로 국가가 고용주 입장에서 최소한 그들이 사회에 원만히 복귀할 수 있도록 도와주어야 한다. 군에서 훈련된 인력이 사회의 적재적소에 쓰이는 것이 국가의 총체적인 인력 활용 측면에서 보더라도 바람직한 것은 물론이다.

일선 보훈관서는 지방조직이 없는 제대군인지원센터의 기능을 업무적으로 보조하면서 취업직종 확보 등 실무적으로 중요한 역할을 해야 하므로 일선 공무원들의 이해와 협조를 이끌어내는 것이 무엇보다도 중요한 일이었다.

이를 위해 2004년 2월 지원센터를 설치하면서 지방보훈관서별로 업무협력 담당자를 지정하도록 하고, 같은 해 5월 이들을 상대로 직무교육과정을 신설해 교육을 실시했다. 그리고 2005년 3월에는 전국 보훈과장과 직업보도 실무직원들을 상대로 워크숍을 열어 제대군인지원 시스템에 대한 교육과 공감대를 넓히는 데 주력했다.

그 결과 지금은 일선 기관 직원들이 지방거주 제대군인에 대한 안내와 지원에 매우 적극적이고 솔선하는 태도를 보여주고 있으며, 순회상담과 제대군인 적합직종 확보에도 큰 성과를 보이고 있어 제대군인지원센터 업무의 효율적 수행에 중요한 역할을 하고 있다.

제대군인의 취약 분야인 일반 업체 진출에 전기 마련

2004년 전체 155명이었던 취·창업 지원 실적은 2005년에는 600명으로 2004년 대비 4배가량 늘어났고, 대면/전화/e-mail 상담 1만 4,915명, 순회상담 실시 44회 2,963명, 직업훈련교육비 지원 4만 5,820천 원, 취·창업 준비 관련 워크숍 개최 36회 281명, 리플렛, SMS, 웹사이트 등을 통한 취·창업 관련 정보제공 2만 8,187회 등 제대군인의 성공적인 사회복귀를 위한 여러 가지 노력이 획기적으로 증가했다.

최근 5년간 제대군인 취·창업 지원 실적 증가 추세

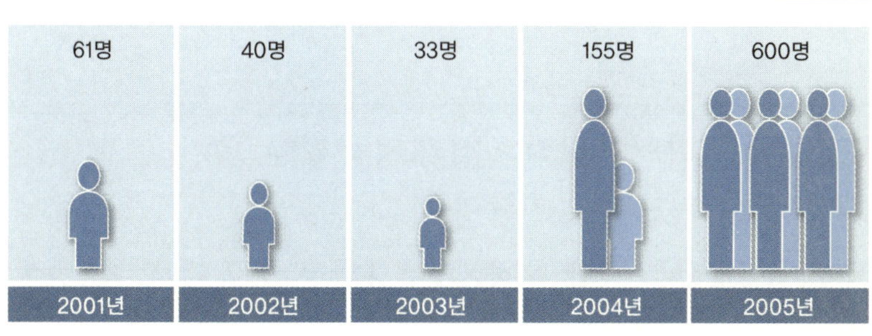

소외된 제대군인의 정신적 안식처

외형적 실적에 못지않게 중요한 것은 제대군인 또는 전역예정자들이 국가에 느끼는 든든함과 고마움일 것이다. 전역 무렵 진로를 결정하지 못해 고민하던 직업군인들이 언제나 열려 있는 지원센터의 문을 두드려 전문가의 조언을 받을 수 있고, 각종 정보를 제공받아 희망찬 제2의 인생설계를 빠르게 준비할 수 있게 된 것이다.

2003년에 전역 후 유통업에 손을 댔다 실패하고 현재 지원센터에 등록하여 취업을 준비하고 있는 예비역 J중령은 "전역 후 처음 손 댄 사업에 실패했을 때는 죽고 싶은 마음이었습니다. 우연히 알게 된 제대군인지원센터의 문을 두드릴 때만 해도 큰 기대는 없었지요. 그러나 지금은 생각이 많이 바뀌었습니다. '아하, 이렇게 하면 되겠구나' 하고 희망이 보이더라구요. 아직 취업은 되지 않았지만 열심히할 생각입니다. 담당 컨설턴트가 얼마나 친절하고 적극적인지 정말 감사하게 생각합니다"라며 좌절을 딛고 일어서는 소감을 피력했다.

제대군인지원센터는 제대군인에 대한 실질적 지원 확대는 물론, 모든 제대군인과 전역 예정자에게 정신적인 후원자로 자리매김했다는 점에서도 의미가 크다.

Win-Win 전략의 성공적 실험과 지방 확대 방향

제대군인지원센터 운영에 또 하나의 획기적 성과는 종래의 '고용명령'이라는 법적·강제적 취업 알선 수단에서 탈피하여 구직자와 구인업체 모두가 성공할 수 있는 체제를 마련했는 데 있다. 즉 제대군인 스스로 기업체가 원하는 조건을 갖추도록 역량을 가다듬고, 기업이 자발적으로 필요한 인재를 찾아가도록 함으로써 인력 시장의 자연스러운 흐름에 부응하고 국가권력의 불필요한 간섭을 배제하는 효과를 거두고 있다.

국가보훈처에서는 제대군인지원센터의 성공적인 성과를 바탕으로 그동안의 실적을 전문용역기관의 검증을 거쳐 부산, 대전, 대구, 광주 등 전국 5대 지역에 권역별로 확대, 설치하여 지방거주 제대군인에 대한 전직지원을 강화해 나갈 방침이다.

| 강경보 | 문화재청 문화재정책과

'문화재 의병(義兵)'을 일으키다
문화재 자원봉사 활동인 '1문화재 1지킴이 운동' 시행

왕릉 가꾸기에 나선 사람들이 있다. 이름하여 '문화재 의병'. 왕릉을 세계 최고의 골프장 뺨칠 정도로 짙푸른 융단으로 만드는 게 우선 목표다. 자신이 갖고 있는 전문지식과 기술로 사회를 살찌우는 또 다른 기부의 시작은 이렇게 출발했다. 한화국토개발은 2005년 5월 문화재청과 손잡고 '1문화재 1지킴이 운동'을 전개하고 있다.

문화재는 국가만 관리한다?

민족문화유산에 대한 사회적 관심 증대와 주 5일제근무 실시에 따른 여가시간 확대 등으로 문화재 전반에 대한 국민들의 인식이 크게 향상되었다. 게다가 국가의 문화재 정책과 행정의 난점에 대한 국민 저마다의 다양한 생각과 견해가 분출되고 있다.

하지만 이를 담당하고 있는 문화재청 및 지자체는 이러한 국민들의 생각과 견해, 나아가 적극적인 참여 의지를 과감히 수용하기보다 오히려 불온시하고 귀찮아하는 부정적 태도를 많이 가져왔던 것이 사실이다.

그러한 이면에는 문화재 보호를 위한 각종 규제가 많아, 국민이 가지고 있는 법감정과 실제 법 사이의 괴리가 크다는 점, 그리고 문화재 정책 결정 과정이 소수의 전문가들에게만 맡겨짐으로써, 이른바 '공론의 장'에서 쉽게 다루어질 수 없었다는 현실적인 문제 등이 존재한다.

문화재행정의 한계를 넘어

전국적으로 9,000여 개의 지정문화재와 수를 헤아리기 힘들 정도로 많은 비지정문화재가 산재해 있으니, 문화재청과 각 지자체의 문화재담당 부서가 이 모든 것을 제대로 관리한다는 것은 불가능에 가깝다.

비록 문화재에 대한 국가적 관심이 과거와는 다르다고 하나, 아직은 사업의 우선순위에서 밀리는 상황에서 많은 예산이 투입되기 어려운 것이 현실이다. 문화재는 대부분 낡고 노후한 것이라 투자 대상은 넘쳐나지만 실질적으로 눈에 보이는 결과는 작아서 성과를 강조하고 효율성을 추구하는 경제적 개념으로는 쉽게 수긍하기 어렵기 때문이다. 턱없이 부족한 예산과 인원의 한계를 타개할 적절한 해결책으로서 국민 참여는 필연적으로 요구될 수밖에 없었다.

'1문화재 1지킴이 운동'의 출범

문화재 청에서는 "국민 입장에서 국민이 주체가 되는 행정상을 만들자"는 구호 아래, 국민들이 자발적으로 참여하여 자율적으로 활동할 수 있

는 여건을 조성하고자 '1문화재 1지킴이 운동'이라는 국민 참여 운동을
전개하게 되었다

이 운동은 문화재관리에 있어 행정이 가지는 한계를 국민들과 함께 극
복하기 위한 것이며, 국민 입장에서는 문화재보호라는 상징적 자원봉사
활동을 통해 여가 생활을 의미 있게 만들기 위한 것이다. 또한 개인간 세
대간에 문화재보호라는 공통 관심사를 기초로 서로 소통하고 협력하면
서 새로운 공동체 문화를 형성하는 데 일조하기 위한 것이다.

'1문화재 1지킴이 운동'의 성격

가꾸고, 즐기며, 지키는 활동

'1문화재 1지킴이 운동'은 문화재를 우리들의 삶과 생활 속에 적극적으
로 끌어안고, 함께 가꾸고, 즐기며, 지켜가자는 차원의 운동이다. 우리들
삶과 유리되고 단절된 채 전승되는 문화재란 동시대를 사는 우리들의 삶
과 무관한, 즉 생명력 없는 '박재'나 다름없다. 따라서 '가깝고 친근하게
향유되는 가운데 가꾸어지는 문화재', 또는 '가꾸어지면서 향유되는 문
화재' 등 우리들 삶 속에 살아 있는 문화재여야 할 것이다.

참여와 나눔으로 국민과 함께 하는 문화재행정 구현

'참여'란 자신이 가진 작은 것을 함께 나누고자 하는 행동에서 출발한다.
그리고 자신의 시간, 지식, 재물, 노력 등을 조금씩 나눌 때, 그 가치가
더욱 커지는 것이 '나눔'의 참 의미일 것이다. '1문화재 1지킴이 운동'은
이처럼 문화재행정의 사각지대에 놓인 문화재까지를 포함한 이 땅의 모

든 문화재를 모든 국민의 참여와 나눔으로써 '국민과 함께 하는 문화재 행정'을 구현하고자 하는 것이다.

공동체가 지키는 문화재, 문화재가 지키는 공동체

개인은 물론, 가족·학교·회사 등 여러 공동체가 정해진 문화재를 주기적·지속적으로 찾아가 즐기고 가꾸는 것이 '1문화재 1지킴이 운동'의 요체다. 문화재의 현장과 사이버 공간에서 흩어졌던 개인과 공동체가 하나로 만나고, 각자의 삶과 우리의 문화재를 더불어 이야기함으로써 서로 소통하기 때문이다. 또한 공동체 구성원 가운데 세대와 세대를 뛰어 넘어 문화재 사랑의 공감대를 이루게 되고, 이를 통해 새로운 공동체 문화가 형성되기 때문이다.

'지속가능한 보존과 활용'을 위한 주기적인 자원 활동

'1문화재 1지킴이 운동'은 단순 일회성에 그치고 마는 이벤트적 성격의 운동을 지양한다. 자매결연을 맺은 문화재에 지속적인 관심을 갖고 주기적으로 현장을 찾아가, 꾸준히 돌보고 가꾸어 지켜내는 운동을 말한다. 현장에서 문화재와 늘 함께 함으로써 문화재를 제대로 보존하자는 것이다.

'1문화재 1지킴이 운동'의 추진상 문제점

문화재는 국가가 지켜야지

문화재는 한 번 멸실되면 원형을 상실해 버리고 이를 다시 복구하는 것이 어려우며, 재화로서 가치가 굉장히 커서 암거래가 횡행하는 실정이다. 이러한 여건 속에 문화재 피해 및 도난 방지를 위하여 일반인들의 접근을 금지함으로써, 문화재 자체의 멸실과 피해는 국민의 무관심 속에 더욱 가속화될 수밖에 없었다. 국가는 예산과 인력의 한계로 문화재관리에 소홀한 부분이 있었고, 국민들은 공공재인 문화재에 개인의 재산 및 노력을 투입한다는 개념을 생소한 것으로 여겼다.

국민에 대한 불신

문화재보호를 위해 국민이 나선다는 발상은 대의로서 당위성만 있을 뿐 현실적인 적합성과 실현 가능성을 주위에 설득시키는 것은 어려운 문제였다. 특히 문화재에 문외한인 국민들의 마구잡이식 민원제기에 대한 염려와 실효성 있게 문화재보호가 이루어지겠느냐는 냉소가 제기되었다. 각 지자체에서도 기존의 문화재 명예관리인이 있는데, 문화재지킴이가 불필요한 것 아니냐는 반발이 있었다.

실효성의 문제

'1문화재 1지킴이 운동'은 기본적으로 자원봉사 활동이어서 조직적이고 체계적으로 일사분란하게 벌이는 문화재보호운동은 결코 아니다. 사람들이 바로 그러한 점 때문에 문화재보호에 대한 실효성 문제에 의문을 나타내고 있다.

그러나 문화재지킴이 운동은 기본적으로 문화재보호를 위한 것이지만, 시민운동 성격의 측면도 있다. 따라서 문화재지킴이 활동을 통한 '자율성'과 '책임성'이 강조된 시민의식의 고양과 젊은 세대들에게 문화재 애호 의식을 일깨워 문화재 보존 전승을 위한 인적 토대를 구축하는 것

또한 중요하므로 이러한 점까지 충분히 고려하여 문화재지킴이를 바라보아야 할 것이다.

'문화재 의병(義兵)' 문화재지킴이

국민 개개인의 참여를 기초로 하는 '1문화재 1지킴이 운동'은 그 성격상 눈에 띄는 가시적인 성과를 보이기 힘든 것이 사실이다.

그런데 아직 성과가 도출되기에는 이른 시점에서 새로운 전기를 마련하는 일이 벌어졌다. 바로 기업으로서는 최초로 한화국토개발(주)이 운동에 참여 요청하면서 기업 참여 분야의 문화재지킴이 운동을 상징하는 대표적인 사례로 등장하게 된 것이다.

문화재청은 기업 참여의 중요성을 인식하고 일반 개인 문화재지킴이와는 달리 한화와 정식으로 협약을 체결함으로써, 문화재지킴이 활동에 기업의 사회적 책임감을 부여하고, 아울러 기업의 특성과 전문성을 살린 문화재지킴이 활동을 함께 모색하게 되었다. 그 가운데 골프장 관리의 핵심 기술인 잔디관리 기술을 '능 잔디관리 기술'로 용역지원함은 물론, 향후 과학적인 잔디관리 기술을 이전한다는 내용의 '왕릉 지킴이' 사업도 특별사업으로 추진하게 되었다.

한화국토개발의 '왕릉 지킴이' 활동

한화국토개발의 문화재지킴이 활동은 현재 13개 전국 사업장을 중심으로 전개되고 있다. 사업장 인근의 가까운 문화재를 한 가지씩 정해 매월 2차례 정화 활동을 벌이고 있는 것이다.

한화국토개발에서는 골프장을 전문적으로 관리하던 잔디관리 기술과 고가의 관리장비를 활용, 능원의 광대한 잔디를 관리하는 데 이용한다는 것이 바로 '왕릉 지킴이' 활동이다. 기업의 전문지식 및 기술을 활용한 과학적 문화재관리 시스템과 기술지원 활동은 기업 참여의 새로운 모델로 제시된 것이다.

한화국토개발이 융건릉을 무대로 '왕릉 지킴이' 활동을 전개한 지 100일째, 융건릉관리소 직원들도 놀랄 정도로 융건릉의 잔디가 몰라보게 달라졌다며 놀라움을 금치 못한다. 기업의 이미지 홍보만 있을 뿐 실질적인 도움이나 성과가 미미했던 타사례에 비해 실질적인 결과가 현장에서 나타나고 있는 것이다.

지속적인 활동을 다짐하며

일단 출범한 문화재지킴이 운동은 관련 규정 하나 없이 문화재보호에 국민이 참여한다는 전제와 대체적인 골격만 존재할 뿐이었다. 출범과 더불어 제도를 정비해야 하는 상황에서 담당 직원들은 밤을 낮 삼아 일로 매진하여 문화재지킴이 위촉장, 활동 안내서, 문화재지킴이와 관련된 여러 가지 사항이 문화재지킴이 위촉과 비슷한 시점에서 정비될 수 있었다. 그리고 당초에 크게 기대하지 않은 기업 참여를 유도하여, 기업의 대외 이미지 고양을 위한 봉사 활동과 '1문화재 1지킴이 운동'을 적절히 결합시킴으로써 결과적으로 문화재지킴이 운동의 상징적 성과물로 자리잡게 했다.

앞으로도 계속해서 1문화재 1지킴이 운동의 미비점을 보완하고 강점을 강화하여 범국민적인 문화재보호운동으로 자리매김시키고, 이를 바탕으로 문화유산 보호의식 확산에 앞장설 것이다.

| 박술현 | 대구지방환경청

먼지와의 전쟁, 우리에게 맡겨주세요
기업체 경쟁력 강화를 위한 실시간 대기오염도 자료 제공

구미공단에 LCD 생산공장과 같은 첨단 전자업체들은 24시간 먼지에 각별히 신경 곳입니다. 대구환경청이 이들 업체에 실시간으로 대기오염도를 제공하여 큰 호응을 얻고 있습니다. 기업체에 대한 환경공무원의 작은 배려가 업체의 경쟁력을 높이는 계기가 됐습니다.

기다리는 행정에서 찾아가는 행정으로

최첨단 소재인 반도체 등 전자부품을 생산하는 초정밀 제조업체가 밀집된 구미공단. 이곳에서는 봄철만 되면 황사발생 먼지로 인한 제품 불량률 증가 등 해마다 '먼지와의 전쟁'을 치른다.

언론보도를 접한 대구지방환경청의 한 직원은 '부서별 학습의 날'을 통해 "우리가 보유한 국가대기감시정보시스템(NAMIS)을 이용해서 대기오염도를 기업체에 제공하면 많은 도움을 줄 수 있지 않을까?"라는 제안을 하게 되었다.

그러나 직원들 중 일부가 "대기오염도 제공에 따른 불량률 감소 및 원가절감 등은 성과 계량화가 어렵고, 휴일에는 누가 나와서 일할 것이냐?"며 반론을 제기하는 바람에 더 이상의 거론 없이 황사가 본격 시작되는 3, 4월을 그냥 보내게 되었다.

그러던 중 구미 지역 환경관리자 협의회의시 미리 준비한 동 계획을 설명할 기회가 있었는데, 참석자 대부분의 긍정적인 평가에 힘입어 직원들과의 재논의 끝에 '일단 시작은 해보자!' 는 공감대를 형성하게 되었다.

【 협의회 설명요지 】

- 현재 우리청에서 운영하고 있는 국가대기감시정보시스템(NAMIS)을 이용해 황사이동 상황에 따른 지역의 실시간 먼지 농도를 필요로 하는 기업체에 제공함으로써 원가절감 및 불량률 최소화를 도모해 기업의 경쟁력을 향상시키기 위함.

- 그 동안 전국에 설치되어 운영 중(202개소)인 대기오염 자동측정소에서 매일 측정된 자료는 국가 및 지역 환경정책에만 활용되는 등 자료의 활용 범위가 한정되어 있어 국가적으로 손해.

황사발생시 구미공단 기업체의 대응 실태

구미 지역은 현재 기상청에서 운영하고 있는 황사 특보제 대상 지역(서울 등 대도시에만 국한)에서 제외되어 봄철 황사발생시 동 지역의 먼지오염도 확인이 전무한 상태다.

이에 기업체에서는 일기예보에 의한 단순 황사발생 정보에만 의존하여 생산시설에 단순히 먼지유입 방지조치만 취하는 실정이었다. 따라서 황사경보 발령시 먼지 농도가 경보 기준보다 현저히 낮을 경우에도 고가의 공조시설 필터를 교체하는 경우가 빈번하며, 이로 인해 인력 및 전력 낭비의 결과가 생긴다. 따라서 기업체에서는 먼지 농도 변화에 따른 먼지저감시설 가동 여부 결정과 필터교체 주기 계획수립 등 체계적인 먼지유입 방지대책이 긴요한 실정이었다.

먼지 농도 등 관련 자료 기업체에 본격 제공

기업체의 호의적인 반응과 직원들과의 공감대 형성에 힘입어 구미 지역 첨단소재 생산업체인 LG필립스 LCD구미공장 등 34개 사로부터 전송요청 신청을 받았다. 2005년 5월 한 달간 시범운영한 후 의견수렴을 거쳐 긍정적인 경우 2006년에는 전국적으로 시행하는 방안으로 계획을 수립하여 기업체에 관련 자료를 본격적으로 제공하게 되었다.

기업체에 대기오염도를 실시간으로 제공함에 있어 무엇보다 어려운 점은 일과시간 이후는 물론 일요일 등 공휴일에도 근무해야 한다는 것이었다. 그러나 일단 '시작은 해보자!'는 직원들의 공감대가 있었기에 자료 전송 및 시스템 관리를 위한 상황근무도 원활히 수행할 수 있었다.

발전방향 모색을 위한 효과분석 실시

대구 지역의 경우 2005년에는 먼지 농도가 예특보 기준을 초과한 적이 없고, 한 달이라는 짧은 기간 동안 시범운영함에 따라 원가절감 및 불량률 감소 등을 효과를 계량화하기 어려웠던 점이 가장 아쉽다. 그러나 동 제도의 지속적인 시행과 좀더 많은 수혜자 확대를 위해 대기오염도 제공 업체에 설문조사를 실시했다.

설문에 참여한 23개 사의 분석결과를 보면 ① 생산공정에 먼지 유입 시 제품생산과 직접적으로 영향이 있는지? 에 대하여 20개 사(87%)가 영향이 조금, 또는 많다고 답했고, ② 제공한 먼지 농도를 통한 조치 내용은? 에는 16개 사(70%)가 회사 전체적으로 대응했다고 답했으며, ③ 불량률 감소 및 원가절감에 얼마나 도움이 되었는지? 라는 물음에는 23개 사(100%)가 조금 또는 많이 도움이 된다고 했으며, ④ 금회와 같은 자료를 계속해서 기업체에 제공하는 방안에 대하여는 22개 사(96%)가 황사발생 기간 또는 연중 계속 자료요청을 원했다.

기업체와 행정기관과의 공조 · 협력 체제 확립

기업체에서는 황사 이동상황 및 먼지 농도를 실시간으로 확인 가능하게 되어 생산시설로의 먼지유입을 사전에 방지하고, 공조시설의 효율적인 관리가 가능함으로써 제품 불량률 최소화 및 원가절감 등을 이루어 기업 경쟁력이 강화되었다.

환경담당 부서에서는 유용한 자료를 생산부서에 제공함으로써 환경부서가 생산이익보다는 투자만 하는 부서라는 인식을 불식시키는 계기를 마련하게 되었다.

또한 행정기관에서는 고객에게 한발 더 다가가는 환경행정을 실현함으로써 이제 환경청도 기업에 도움을 주는 기관이라는 인식 전환의 전기를 마련했다.

의외의 뜨거운 성원에 당황

그간 기업체에서는 행정기관에서 제공하는 대기오염도 등을 직접 제공받아 생산라인에서 활용한 사례가 없었던 관계로 우리청에서 측정자료를 매일 전송, 제공할 수 있는지 의아하게 생각했다. 대기오염도를 제공받았을 경우, 그에 대한 추진실적 요구 및 기업체 출입 등 행정기관에서 번거로움을 줄 것이라 염려하여 큰 기대를 하지 않았다고 한다.

막상 우리 직원들조차 "행정기관이 가지고 있는 자료를 기업체에 제공하는 것이 얼마나 영향을 미치겠냐?"고 모두가 반신반의하며 시작한 조그마한 노력이 기업체는 물론 지역 언론으로부터 뜨거운 성원과 조명을 받았다. 이처럼 예상 밖의 뜨거운 성원에 우리는 잠시 당황하기도 했다.

전국 모든 지방청으로의 조기 확대 실시

확대간부회의시 '기업체 경쟁력 강화를 위한 실시간 대기오염도 제공'에 관한 보고를 받으신 차관께서 대구청 운영사례를 모델로 전 유역/지방청까지로 확대 실시를 지시했고, 환경부 대기정책과에서는 동 시행결과를 토대로 2006년에는 환경부 홈페이지에 실시간 오염도를 전국적으로 공개하는 계획을 수립하게 되었다.

혁신이란?

혁신은 남이 시켜서 강제로 하는 것보다 자발적으로 움직여야 하는 것이다. '남이 깨면 달걀프라이, 자기가 깨고 나오면 병아리'가 되는 것처럼 공무원 스스로가 혁신의 개념과 필요성에 대해 공감하고 이해해야 하며, 기다리는 행정에서 찾아가는 행정으로 도모해야 한다. 작은 관심과 노력만으로도 고객이 만족하는 행정서비스를 제공할 수 있을 것이다.

願하는 행정서비스, One-Stop으로

| 김지훈 | 국세청 혁신기획관실

허가 한번 받는데, 몇 군데나 다녀야 하나요?

민원인 중심으로 업무를 개선하기 위한 기관 간의 연계

"사업을 하기 위해선 여러 관공서에 다니며 허가받아야 한다는 말을 익히 들어서 알고 있었어요. 그런데 받아야 할 허가가 그렇게 많은지 정말 몰랐어요. 사실상 1개월 동안은 허가받다가 임대료만 버린 셈이더라고요. 생각해 보세요. 교육청이나 세무서나 구청이나 모두 관공서인데… 업무소관이 다르다는 이유로 거길 모두 찾아다녀야 돼요. 한 군데서 해결이 되야 One-Stop서비스 아닌가요?

작은 미술학원 운영하려는데 왜 이렇게 복잡해요?

L씨는 미술교습소를 열기 위해 2005년 2월 초 대전광역시 유성구에 자리한 상가건물을 임차했다. 학생들의 새학기 시작에 맞춰 3월 초에 미술교습소를 시작해 보려는 생각에 한 달 정도 여유를 두고 건물을 임차한 것이다. 다음날 L씨는 교습소 허가에 필요한 서류를 알아보기 위해 관할 교육청을 찾았다.

교육청의 허가담당자는 L씨가 임차한 건물 규모가 교습소 규모를 넘는 면적이기 때문에 학원으로 등록해야 한다는 것과 학원등록에 필요한 시설 및 서류 등에 대해 자세히 설명해 주었다. L씨는 신청에 필요한 각종 서류를 챙기느라 3월 초에야 교육청에 학원등록신청서를 접수할 수 있었다. 교육청 허가담당자의 검토가 모두 끝난 다음에 학원등록증을 받을 수 있었는데, 학원등록에 10일이 소요되었다.

하지만 그것이 전부가 아니었다. 교육청의 학원등록과는 별개로 사업자등록을 내기 위해 세무서에 찾아가 사업자등록신청서를 제출했다. 세무서의 사업자등록증은 신청한 당일 받을 수 있었다. 그리고 간판부착 허가를 받기 위해 구청도 다녀와야 했다. 결국 L씨는 처음 예상과는 달리 4월 초가 돼서야 학원생을 모집할 수 있었다.

한 장의 FAX가 민원제도 개선의 불씨가 되다

2005년 5월 24일 대전지방국세청 혁신계 이계장은 대전광역시 교육청으로부터 한 통의 전화를 받았다. 국세청과 교육청의 업무 연계를 통해서 학원사업자의 관공서 방문 횟수를 줄이고, 학원사업자에 대한 관리를 정상화할 수 있는 제안이 있는데, 이의 시행 여부를 검토해 줄 수 있겠느냐는 내용이었다. 이계장은 흔쾌히 응했고, 잠시 후 대전지방국세청 혁신계로 대전광역시 교육청에서 한 장의 문서가 FAX로 전송되어 왔다.

교육청에서 보내온 FAX 내용은 현재 세무서에서 취급하는 사업자등록신청을 교육청에서도 할 수 있도록 하고, 교육청에서 해야만 하는 폐원신고를 세무서에서 할 수 있도록 하자는 제안이었다. 순간 이계장의 머릿속에는 조카 L씨가 학원을 개원하며 푸념처럼 했던 말이 스치고 지나갔다. 교육청에서 보내온 FAX 한 장은 예전 같으면 관련 규정이 없다는 이유로 무시되어 버렸던 민원제도 개선안이 실현되는 단초가 되었다.

다음날 아침, 이계장은 교육청에서 의뢰한 학원사업자 사업자등록 개선 방안에 대한 내용과 예상되는 기대 효과 등을 간단하게 요약해 청장실의 문을 두드렸다. 이계장은 사업자등록 업무의 연계 방안에 대한 교육청의 제안 내용을 보고하고 민원인의 편의와 직원 업무의 효율성 제고 등의 효과를 간략하게 설명했다.

청장은 이계장의 보고를 귀기울여 듣고 나서 힘있게 말했다. "납세자에게 불편한 것을 고치는 것이 민원제도 개선이고, 그것이 바로 국민과 함께 하는 '열린 세정'을 펼치는 것 아닙니까? 납세자가 편리하다면 해야지요. 혁신계에서 업무를 주관해서 적극적으로 추진하세요. 추진 과정에서 청장이 나서야 할 부분이 있으면 언제든지 이야기하십시오." 청장의 전폭적인 지원을 약속받고 청장실을 나오는 이계장의 머릿속에는 이미 업무추진의 순서도가 그려지고 있었다.

국민이 느끼지 못하는 말뿐인 One-Stop 서비스

이계장은 먼저 조카 L씨의 경험과 관련 규정을 토대로 학원사업자가 개업할 때의 절차를 파악해 보았다. 학원을 개업하려는 민원인은 허가등록을 신청하기 위하여 교육청, 세무서, 시청 등 여러 행정기관을 방문해야 한다. 또 강사 등을 고용할 경우 고용보험, 건강보험 등과 관련된 신고도 별도로 해야만 했다. 폐업할 때도 개업할 때와 마찬가지로 교육청, 세무서, 국민건강보험공단 등을 각각 방문해 모든 기관에 폐업신고를 해야만 하도록 되어 있었다.

각 기관은 민원인에게 One-Stop서비스를 제공하고 있다고 강조하고 있으나 민원인이 사업에 필요한 허가, 등록과 관련한 민원을 처리하기 위해서는 교육청, 세무서, 시청 등 행정기관을 각각 방문하여 민원서류를 제출해야 하기 때문에 민원인 입장에서는 One-Stop서비스라는 말이 피부에 와 닿지 않는다. 국민의 기대에 부응하는 토털행정 서비스시스템은 아직 갈 길이 먼 듯이 보였다.

관허사업자가 세무서에 사업자등록을 하지 않는 현실

학원사업자 관리 실태를 파악하고자 교육청과 세무서의 등록 현황을 조사한 이계장은 그 결과에 놀라지 않을 수 없었다. 관허사업자인 학원사업자의 관리가 너무나 허술하게 이루어지고 있었던 것이다.

관허사업자는 현행 규정상 허가기관에서 신규 허가가 발급되거나 명의가 변경되면 '과세자료의 제출 및 관리에 관한 법률'에 의해 그 명단이 세무서로 통보되고 다른 업종보다 비교적 관리가 잘되고 있을 거라 생각하고 있었다. 그러나 학원사업자의 사업자등록 현황을 실제로 확인한 결과 절반에 가까운 사업자가 사업자등록을 하지 않고 있었다. 이계장은 현재의 시스템이 제대로 작동하지 못하고 있음에 확신을 갖고 그 원인을 파악하기 시작했다.

규정은 이상이고, 실무는 현실이다?

세무서와 교육청의 수치에 차이가 나는 사유는 크게 세 가지였다.

첫째는 교육청에만 등록을 한 경우로 가장 많은 비중을 차지했다. 특히 개인과외교습자의 경우는 사업자등록을 하지 않은 사람이 많았다. 세무서에서는 신고하지 않는 사업자를 포함하여 종합소득세 신고시(5월) 수입금액과 소득금액을 신고하도록 안내한다. 그러나 신고 안내를 받은 사업자가 신고를 하지 않아도 인력부족 등의 이유로 거의 사후관리를 하지 못하고 있는 실정이다.

둘째는 폐업을 하면서 세무서와 교육청에 모두 폐업신고를 하지 않고 한쪽 기관에만 폐업신고한 경우였다. 이 경우에는 이미 폐업한 사업자에게 신고안내문이 발송되는 경우가 비일비재해서 납세자에게 불편을 주고 국세청의 신뢰를 실추시키는 요인이 되고 있었다.

셋째는 드문 경우이지만 교육청에는 신고하지 않고 세무서에만 사업자등록을 한 경우였다. 교육청의 허가담당자는 교육청의 학원등록증이 없는데도 불구하고 세무서 사업자등록증이 걸려 있어 황당했다며 웃었다.

학원사업자 관리 부실의 주원인은 변동자료가 제대로 활용되지 못하고 사장되기 때문이었다. 한꺼번에 많은 명단이 통보되다 보니 사업자등록 여부를 일일이 확인할 여력이 없고, 어느 정도 규모가 되는 학원사업자들은 스스로 사업자등록을 하고 세무신고를 하므로 세무서 미등록사업자 대부분이 실 세수에 영향 없는 사업자라는 판단 때문이었다.

그렇다면 활용하지도 못할 명단을 왜 제출받고 있는가? 결국 법규와 실무가 별개로 운영되는 것이 현 시스템의 문제점인 셈이다. 민원인의 편의도 중요하지만 당장 관리시스템의 정상화를 위해서도 현행 제도의 개선이 시급한 과제였다.

민원인 중심으로 민원처리 개선 방안을 구상하다

이계장은 2005년 6월 3일 학원사업자의 사업자등록 업무 연계를 위한 협의를 위해 교육청을 방문했다. 민원인의 관공서 내방 횟수를 줄이고, 전반적인 민원처리 기간이 단축되어야 하며, 제도 개선으로 업무량이 줄어들거나 변동이 없어야 한다는 세 가지 원칙을 정해 토의를 시작했다.

실무협의 결과 민원인은 사업개시 단계에서는 교육청에서 두 기관의 민원업무를 처리하고, 폐업하는 단계에서는 세무서와 교육청 중 편리한 기관에서 업무를 처리하는 방안을 마련했다. 또 세무서에서 직권폐업을 하거나 교육청에서 등록말소를 한 경우 상대 기관에 그 사실을 통보하는 절차를 만들자는 데 의견을 모았다.

시행 범위는 대전광역시교육청 관할지역인 대전광역시로 한정되기에 대전세무서와 서대전세무서를 시행관서로 결정했으며, 업무 연계 지침과 협약 등을 위한 절차는 2005년 6월 중에 마무리하고 7월 1일부터 시행하도록 합의했다.

변화를 싫어하는 직원들을 이해시키고 설득하다

두 기관의 협약실무자들은 시행지침 마련을 위해 민원 현장에서 근무하는 직원들의 의견을 들었다. 그러나 담당 직원들의 불만스러운 목소리가 터져 나왔다. 교육청 민원담당자들은 세무서의 업무를 대행함으로써 업무량이 늘어난다는 것이 가장 큰 불만이었고, 세무서에서는 교육청의 업무처리를 신뢰하지 못하는 것과 교육청의 등록 관련 업무를 도와주는 일을 왜 해야 하느냐는 불만이었다.

직원들의 불만 원인은 겉으로 볼 때 업무량 증가와 규정에 없는 업무 집행에 대한 것이었지만, 실질적으로는 '변화를 거부하는 고정된 사고'가 문제였다. 혁신팀 실무자들은 각 기관의 민원담당자들에게 업무 개선의 기대 효과를 설명하고, 시행 초기에 예상되는 업무량 증가는 이제까지 방치되어 왔던 부분을 바로잡아 가는 과정으로서, 시스템이 정착되면 실질적인 업무량이 감소하며 가장 중요한 점은 민원인에게 훨씬 편리한 행정서비스를 제공할 수 있다며 설득했다.

그러나 이러한 설득에도 불구하고 동부 교육청 직원들의 반발로 시행 범위는 서부교육청과 서대전세무서로 한정하여 시범실시할 수밖에 없었다. 두 기관의 혁신팀 실무자들은 비록 시범실시를 할 수밖에 없는 상황이었지만 오히려 시행착오를 줄이는 기회로 활용할 수 있다는 긍정적인 생각을 가졌다.

민원인 중심 업무처리 시스템의 새 장을 열다

업무 연계 지침에서는 기관 간의 업무대행 범위를 세무서의 사업자등록 신청과 폐업신고, 교육청의 폐원신고로 한정했다. 교육청은 사업자등록 신청자 본인 확인과 사업장 현지 확인을 하는 것으로 규정했다.

기본계획을 수립하고 대전지방국세청과 대전교육청의 협약 실무자들이 지침을 만드는 공동작업을 시작한 지 20여 일 만인 2005년 6월 27일, 드디어 업무 연계 지침이 완성되었다. 두 기관의 업무 연계 시범실시를 하루 앞둔 2005년 6월 30일, 시범실시 관서장인 서대전세무서장과 대전광역시 서부교육청장이 참석한 가운데 '민원업무 개선을 위한 협약'를 체결하고 2005년 7월 1일 대망의 첫발을 내딛었다.

실수요자 중심의 새로운 민원제도 개선 모델이 만들어지다

시범실시를 시작하고 학원등록신청을 위해 서부교육청을 찾은 민원인은 교육청에서 세무서 사업자등록신청을 대행한다는 사실을 대부분 반겼다. 또한 교육청의 학원등록과 세무서의 사업자등록에 걸리는 시간이 기존의 학원등록에 소요되는 기간밖에 안 된다는 사실에 매우 만족해했다.

서대전세무서와 서부교육청은 2005년 7월 1일부터 그해 말까지 6개월 동안 사업자등록 998건, 사업자등록 정정신고 55건, 폐업신고 134건 등 총 1,232건을 처리하는 실적을 올렸다. 이와 같은 두 기관의 업무 연계 실적은 국민만족도를 높이고 효율적인 업무처리가 이루어지고 있음을 단적으로 보여주는 것이었다.

교육청에 학원등록 신청을 하고 10일 만에 학원등록증과 사업자등록증을 교육청에서 함께 받은 대전 서구 둔산동의 Y원장은, "처음에는 '정말 세무서에 안가도 돼나?' 하면서 반신반의했었는데 막상 교육청에서 학원등록증과 사업자등록증을 함께 받고 나니, 왜 진작부터 이렇게 좋은 제도를 시행하지 않았는지 모르겠다는 생각이 들었어요. 게다가 두 기관이 동시에 업무를 처리하니까 처리 시간도 짧아지고 정말 편리해졌어요"

라고 말하면서 활짝 웃었다.

진정한 One-Stop 서비스는 이제부터 시작이다

대전지방국세청과 대전광역시교육청의 민원제도 개선 사례는 과거 행정
기관 위주의 민원업무처리 시스템에서 탈피해 수요자인 민원인과 업무
담당자의 입장에서 관련 규정을 마련하고 민원인 중심의 업무처리 시스
템을 구축한 사례다. 이로써 민원인이 민원처리를 위하여 관공서를 몇
번씩 오가야 하는 불편을 해소하고, 시간을 단축시켰으며, 기관 간 유사
한 업무를 통합함으로써 실질적으로 두 기관의 업무량이 감소하는 효과
를 가져왔다.

대전지방국세청은 이번 시범실시에서 나타난 문제점을 보완하여 산하
모든 관서에 관할 교육청과 업무협약을 체결해 민원인에게 편의를 제공
할 수 있도록 노력하고 있다. 또한 협약에 의한 지침으로 시행되는 내용
이 법제화될 수 있도록 모색하고 있다. 아울러 이 제도를 뒷받침할 수 있
는 전산시스템도 개발할 예정이다. 또한 자료상 및 신용카드 위장가맹점
혐의가 없는 다른 관허사업자에게도 진정한 One-Stop 서비스를 제공하
고 업무효율성을 높일 수 있도록 관계기관과의 적극적인 협의를 통해 유
사 모델을 지속적으로 발굴할 것이다.

앞으로도 국민이 편리하게 느끼는 것이 실질적인 혁신이라는 기치 아
래, 기존의 틀을 깨는 새로운 민원제도를 개선할 것이다. 나아가 효율적
인 업무수행을 위한 세원관리 모델의 개발과 구축에 계속 쉼없이 매진하
겠다고 다짐해 본다.

기업하기 좋은 나라를 만들어라
기업애로해소센터 구축과 운영

그 동안 규제개혁은 법령 중심의 총론적인 개선방식을 취하고 있어 개별 기업들이 그 개선 효과를 체감할 기회가 부족했으며, 기업 현장에서 발생하는 개별적인 기업애로를 파악하여 해결하는 데 한계가 있었다. 그 결과 정부가 규제개혁 성과를 홍보하는 데 정작 기업인들은 "개혁했다고 하니 그런 것 같기는 한데, 본 일이 없으니…."라며 시큰둥한 반응을 보이곤 했다.

기업민원 처리의 악순환 고리 끊기

"규제개혁 한 거 맞아?"

정부는 그 동안 '기업하기 좋은 나라'를 목표로 지속적인 규제개혁을 진행해 왔으나 실제로 기업들이 피부로 느끼는 체감도는 낮아 경제계의 각종 정부 건의사항에 항상 규제개혁이 단골 메뉴로 등장하고 있는 실정이다.

또한 규제개혁을 통해 법과 제도를 개선해도 일선 집행기관의 소극적인 법적용, 행정편의 위주의 집행으로 그 효과를 떨어뜨려, 기업인 입장에서는 "개선되었다고 해서 가보니 안 되거나 불편하기는 매한가지, 자랑이나 말지…."라는 불만과 함께 오히려 역효과를 초래했다.

기업들이 자유롭게 투자하고 활동할 수 있는 여건을 조성하기 위해서는 기업의 입장에서 피부로 느낄 수 있는 각종 기업 관련 민원·애로 사항을 적극적으로 해소하려는 노력이 절실하다.

그 동안 기업애로 민원의 처리에 있어 지자체 등 일선 집행기관은 사후감사를 의식, 규제개혁 이후에도 민원을 적극적으로 처리하지 않았다.

해도 된다는 명확한 법규정이나 상급기관의 유권해석 또는 지침이 없는 한 안 되는 것으로 해석하고 집행했다. 금지규정이 없지 않느냐고 설득해도 감사 때문에 안 된다고 요지부동이며, 법규정을 명확히 개선하기 위한 노력도 부족한 실정이었다.

답답한 민원인이 소관부처에 질의하면 소관부처는 "법의 취지는 이러이러함. 다만, 구체적인 사안은 처분청이 제반사항을 종합적으로 고려하여 판단할 사안"이라는 원론적 답변만 회신하는 데 급급했다. 이에 분통을 터뜨리는 민원인이 비일비재했다.

떠넘기기와 앵무새 답변

실제 정책을 결정하고 시행하는 소관부처의 경우에도 기업민원 처리 및 이를 해소하기 위한 제도개선에 소극적이었다.

집행기관에서 해결되지 않은 애로를 해소하기 위해 소관부처에 민원을 제기하면 처분청으로 이첩(떠넘기기)하고, 기업애로를 원천적으로 해소하기 위해 제도개선(법 개정, 개선지침 시달 등)을 건의해도 반영률이 매우 낮았다.

민원과 건의가 수용되지 않는 경우, 단지 안 된다는 대답만 있으며 왜 안 되는지에 대한 자세한 설명이 없었다.

심지어는 민원인이 담당자와 만나서 말이라도 해볼 기회조차 부족한 실정이었다.

또한 상급기관인 국회, 청와대, 총리실 등이 범정부적 차원에서 기업민원을 접수하여 처리하는 기능을 수행하고 있다. 그러나 이들 기관은 직접 처리하는 대신 소관부처 및 지자체에 이첩하거나, 소관부처 의견을 받아 회신하는 통로 기능만 수행하여 결국 민원인은 부처 및 지자체의 당초 불가사유만 반복해서 듣게 되고 정부에 대한 불만만 가중되곤 했다.

기업애로 민원 처리의 악순환 고리

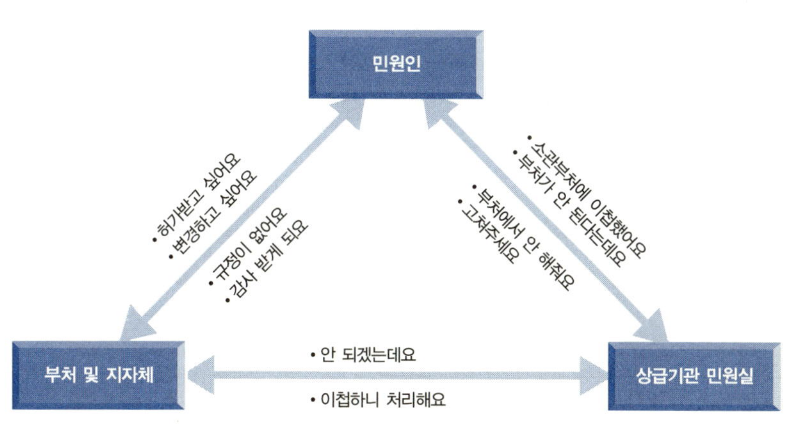

'기업애로해소센터'의 구성 – 고객만족을 위한 첫걸음

정부는 그간의 노력에도 불구, 기업애로 민원의 처리에 있어서는 별로 나아진 게 없다는 기업 현장의 불만을 파악했다. 그리고 이를 해소하기 위한 방안을 마련하기 위해 2004년 4월 국무총리실에 8명 규모의 '기업애로해소센터'를 설치했다. 특히 이 센터는 각 부처 및 지자체에서 파견된 다양한 분야의 공무원으로 구성함으로써 기업애로 해소에 있어서 전문성을 높이고자 했다.

아울러 정부 각종 기관에 접수되는 기업애로를 효과적으로 해결하기 위한 방안을 협의하고자 단계별 관계부처 협의기구를 설치, 운영하는 조치도 병행했다. 이로써 기업애로 민원 처리에 있어 고객만족·고객감동을 위한 첫걸음이 시작되었다.

고객·현장 중심의 원스톱 처리절차 도입

일단 접수된 기업애로는 과거와 같이 소관부처에 이첩하지 않고 '기업애로해소센터'에서 직접 검토하고 해결방안을 확정하여 시행하도록 했다. 법령 또는 제도개선이 필요한 사항은 부처와 협의해 시행하도록 하고, 단순 질의사항도 '기업애로해소센터'에서 직접 파악하여 답변하도록 했다.

철저한 현장중심주의

기업애로(민원)가 접수되는 대로 즉시 책임담당관을 지정하고, 책임담당관이 민원인에게 확인전화를 걸어 접수 사실 및 향후 일정 등을 설명하고, 추가적인 내용을 청취하도록 했다. 제기된 기업애로와 관련하여 구체적 사업현장이 있는 경우 책임담당관이 현장 방문을 필히 실시하도록 하는 등 현장 중심주의를 철저하게 강화했다.

민원인, 소관부처, 센터가 함께 해결

현장 확인, 사실 조사, 초기 해결방안 마련 과정에서 소관부처 및 민원인이 함께 참여해서 문제를 해결하는 방식이 도입되었다. 특히 관계부처 회의가 열릴 때 민원인도 함께 참석하여 애로사항을 공유하고 개선방안을 함께 토의하는 기회를 부여함으로써 상호 이해의 폭을 넓히는 시스템을 갖추고자 했다.

신속한 처리 : '1+1+1 원칙'

모든 기업애로(민원)는 접수일로부터 1일 이내에 전화로 향후 방향 등을 설명하고, 단순 행정조치 사항 등은 1주일 이내에 처리를 완료하며, 부처 간 이견사항 및 법령개선 사항의 경우에도 최소 1개월 이내에 처리를 완료하도록 원칙을 확립했다.

기업의 입장에서, 그러나 투명하고 공정하게

민원 처리에 있어서 기존 공급자의 입장에서 탈피해 철저하게 고객과 수요자, 즉 기업의 입장에서 생각하고 접근하여 처리하고, 그러나 최종 판단은 제3자의 입장에서 공정하게 처리하며, 민원기업인과 사적인 만남은 지양토록 수시 교육하고 불가피하게 민원인과 식사 등을 하게 될 경우 식사비 등 관련 비용은 센터에서 부담함을 원칙으로 했다.

운영 성과

2004년 4월 센터를 개소한 이후 2005년 12월까지 총 1,017건의 기업 애로사항을 접수받아 이 중 979건을 처리 완료하고 38건은 처리 중에 있다. 처리완료 979건 중 60%인 591건에 대해서는 해결방안도 마련했다.

지금까지 접수된 기업애로 민원을 안건 유형별로 분석하면, 규제사항이 69%, 비규제사항이 31%를 차지했다. 또한 처리결과별로는 법·제도 개선사항이 62%, 집행 개선이 17%를 차지하고 있다. 관계부처별로 보면, 건설교통부가 전체의 25%로 가장 많고, 다음으로 환경부(9%), 산업자원부(7%), 지방자치단체(7%), 재경부(6%), 노동부(4%) 순이었다.

성공 요인

'기업애로해소센터'는 종래의 민원처리 방식과 달리 관계부처에 이첩하지 않고 직접 해결방안을 마련하는 원스톱 처리방식과 철저한 고객 중심, 현장 중심의 처리 방식을 성공적으로 도입해 고객들의 만족도가 2004년 76%, 2005년 77%를 보여 2004, 2005년 정부 민원행정서비스 종합만족도 64%, 64.5%와 비교해 볼 때 높은 고객만족도를 보이는 등 민원처리 방식의 혁신사례로 평가받고 있다.

【 고객들의 반응 】

- **"헛소리 마라, 정부에 무슨 그런 데가 있을라고…."** | 접수만 하면 담당자가 직접 애로 사항을 조사하고, 해결방안을 마련해 준다는 곳이 있다는 소개에 대해 민원인들의 최초 반응은 위와 같았다. 그러나 접수 이후 진행 과정에서 "설마했는데 진짜로 그러네요"라고 두 번 놀라는 반응을 보였다.

- **"그래도 속은 시원하다."** | 자신의 민원이 해결되면 기뻐하고 감사를 표시하며 해결되지 않으면 불만을 토로하는 것이 인지상정이다. 그러나 '기업애로해소센터'의 민원처리 과정이 친절한데다, 비록 수용은 안 되었지만 결과가 합리적이라는 판단을 갖게 된 상당수 민원인들이 처리 결과에 승복하면서 위와 같이 말하는 경우가 많았다.

3시간이 5분으로 확 줄었네요!
원스톱 민원시스템 구축으로 고객만족도 제고

부산항으로 농산물을 자주 수입하는 업체입니다. 검역소에 신청서를 접수하는 시간은 5분이면 되지만, 검역소까지 가는데 2~3시간이나 걸리고 또 좁은 주차장에 차를 주차하기도 너무 어렵고, 너무 불편해요." – 한 수입자의 애로 상담 중에서

혁신의 시작, 현장의 목소리를 귀담아 듣다

5분이면 끝나는 검사 신청을 2~3시간 걸려 검역소 방문

전자정부가 출범한 지도 한참 지났지만 식물검사 신청은 여건상 여전히 식물검역소를 직접 방문하여 제출하고 있다.

단순한 신청서류는 5분이면 접수가 가능하지만 여기까지 오는 데 많은 시간을 들여야 한다.

검역관의 어려움과 비효율적인 업무 수행 여건

"하루에 민원실에서 접수하는 신청서가 수백 건입니다.

제출 건에 대해 내용확인 절차를 거쳐 당일 전산입력을 해야 다음날 검사를 할 수 있으니,

하루종일 전산입력만 합니다. 서류 챙기는 것도 힘든데 전산입력까지… 휴!"

"검사진행 상황을 문의하는 민원인의 전화가 많습니다. 해당 건의 서류는 어느 과의 어느

검역관이 처리하고 있는지 찾는 것부터 어렵고… 민원인의 전화응대가 너무 힘들어요"

–검역관 회의 중에서

수출입식물검사 신청을 받으면 검역관들이 신속하게 접수업무를 처리하고 있으나 한정된 인력으로는 많은 신청 건을 전산시스템에 바로 등록하지 못하는 실정이었다.

게다가 기재사항 누락 여부와 제출서류 등 필요한 사항만 확인하고 접수증을 민원인에게 발급하고 나서 쌓여 있는 신청서를 하루종일 전산 입력하게 된다. 또 검사진행 상황을 문의하는 전화응대 시간도 만만치 않다. 누가 담당하고 있는지 알기도 어렵지만 담당자가 현장검사 출장 중일 경우라면 더욱 난감하다.

검사는 오전에, 통관은 다음날… 우리의 검사체계를 보니 이해할 수가 있었다. 수입자가 불평할 수밖에 없는 뭔가가 있었던 것이다. 검사를 받으려면 결재받아야 하는 것이 당연한 일이기 때문이다. 궁여지책으로 오전에 검사하면 점심시간 이전에 결과 처리 후 바로 통보토록 하고는 있지만 여전히 고객들은 불만을 갖고 있었다.

해결의 방법을 찾다-
고객을 만족시키는 원스톱 민원처리 시스템 구축

고객의 어려움 해결을 위해 직원의 의견을 모으고 유관기관의 사례를 벤치마킹하고, 기술적으로 실현이 가능한지 면밀히 검토했다. 그리하여 내부 업무 프로세스 개선과 IT기술을 적용한 단계적 추진 계획을 수립했다.

1단계 : 인터넷 검사신청 및 검사진행 정보제공 시스템 구축

고객이 인터넷으로 직접 검사신청을 한다면, 고객은 식물검역소 사무실을 방문할 필요가 없고 검역소 민원담당자도 다시 입력할 필요가 없어지므로, 고객의 시간과 경비, 그리고 식물검역소의 인력도 효율적으로 활용할 수 있다.

또한 검사진행 상황을 인터넷으로 제공하면 민원인이 전화로 확인할 필요가 없어 검역관의 전화응대 시간이 감소하기 때문에 검역 업무에 더 많은 시간을 활용할 수 있다

고시개정

인터넷으로 검사신청을 받기 위해선 '상대국의 수출국 식물검사합격증명서'의 원본을 받는 문제가 가장 먼저 해결되어야 했다. 원본을 제출하기 위해 검역소를 방문한다면 인터넷 검사신청의 실효성이 떨어지기 때문이다. 원본제출 문제에 대한 의견을 수렴하고, 전자문서 또는 모사전송으로 신청이 가능하도록 고시를 개정했다.

실무부서와 개발부서가 하나 되어

일선 실무부서와 전산 담당부서 간에 대화와 토론을 통해 간과하기 쉬운 사소한 문제도 반영하여 프로그램을 개발함으로써 생산적인 업무로 전환시켰다. 아울러 동 시스템을 운영하는 일선 검역관의 참여와 추진 의지가 시스템 이용의 활성화에 밑거름이 되었다.

시험운영을 통해 미비점을 개선하다

1개 지소를 대상으로 3개월 동안 시험운영을 했다. 시험운영 중에 나타난 문제점을 개선하기 위해 민간업체를 직접 방문하고 실무 담당자의 지속적인 토론과 협의를 거쳐 프로그램을 수시로 보완, 개선하여 민원인이 사용하는 데 불편함이 없도록 했다.

인터넷 검사신청률 99.4%를 달성하기까지

민원인들이 인터넷 신청을 처음 시도했을 때 아직 인터넷에 익숙하지 않은 세대는 오히려 컴퓨터에 접근하기를 꺼리고 불편하게 생각했다. 그냥 예전처럼 검역소를 방문해서 검사신청하겠다는 사람도 있었다. 우선, 식물검역의 필요성과 인터넷 검사신청의 편리한 점에 대한 이해가 필요하다는 생각이 들었다.

〈식물검역 전자민원 신청 안내서〉를 민원인용 직원용으로 별도 제작해 배부하고 이용방법에 대한 교육을 실시했다. 신청서를 가지고 사무실을 방문하는 고객에게는 민원실에서 인터넷 신청을 민원인과 함께 하여 이용방법을 알리는 등 적극적인 노력 끝에 검역소를 찾는 고객 수는 점차 줄고 인터넷 검사신청 비율은 높아지기 시작했다. 2005년 6월에는 인터넷 신청율 99.4%라는 획기적인 기록을 달성했다.

인터넷 검사신청 및 검사진행정보 추진 결과

'인터넷 검사신청 시스템' 도입 후 민원인의 직접 방문에 따른 시간적·경제적 비용절감으로 신청 건수별 60분의 시간을 단축시킬 수 있었으며 연간 약 20억 원의 경비를 절감시키는 효과를 창출했다. 게다가 민원인의 편익증진은 물론 검사진행 상황을 신청자가 실시간으로 조회할 수 있어 신속, 정확한 정보를 얻을 수 있게 되었다.

2단계 : PDA를 이용한 검사현장 실시간 자료처리 시스템 구축

수입식물의 현장검사에서 검사결과 세관통보까지의 업무처리 소요시간을 단축하기 위해 검사현장에서 PDA를 이용하여 실시간으로 검사자료를 처리했다. 현재 현장검사 체계가 PDA를 이용해 전결 또는 결재 상신하여 결재가 완료되는 시스템으로 바뀌면 자동으로 관세청으로 검사결과가 통보되어 검사처리 소요시간이 획기적으로 줄게 된다.

검사결과 전자결재 시스템 구축을 위한 TF팀 운영

'수출입식물 검사결과에 대한 전자결재' 및 '검사현장 실시간 자료처리' 시스템 구축에 대비해 업무처리 절차를 개선하고, 사용자의 시스템 이용 편의를 도모하기 위하여 개발팀과 현장검역관으로 이루진 TF팀을 구성했다. 이 팀은 현장검사자 전결 처리 방안, 결재단계 축소, PDA 입력의 어려움을 해결하기 위한 기안문의 코드화 등의 개선 방안을 마련했다.

전자결재 도입

현재까지는 식물검역 업무의 모든 단계가 수결재로 처리되고 있어 검사현장에서 귀소하여 대면결재하고 검사결과를 관세청으로 송신하는 절차를 거쳤다. 검사현장에서 PDA를 이용해 검사를 완료하려면 전자결재가 도입되어야 한다.

현재 사용하고 있는 행정업무의 전자결재 시스템을 이용하거나 연계하여 전자결재 시스템을 구축할 수 있는 방안을 검토했으나, 기존 전자결재개발 업체로부터 부적합하다는 답변을 통보받았다. 그러나 전자결재가 없는 '검사현장 실시간 자료처리 시스템'은 많은 기대 효과를 기대할 수 없어 기존의 업무시스템에 전자결재를 개발하기로 했다.

현장검역관 전결제도 도입

수출입식물검사에 대한 식물검역관의 권한이 규정에 있음에도 불구하고 이전의 모든 수출입식물검사는 지소 과장이나 지·출소장의 결재를 받아야만 했다. 하지만 TF팀에서 현장검사자가 완결 처리할 수 있는 품목을 최대한 확대하여 현장검역관에게 권한과 책임을 부여하고, 신속한 업무 처리가 이루어지도록 결재단계를 축소하는 방안을 마련했다.

입력의 최소화 및 기안문의 코드화

PDA 단말기는 일반 컴퓨터보다 화면이 작고 키보드 크기도 휴대전화기와 비슷해 입력하기가 매우 불편하다. 따라서 입력의 불편함을 줄이는 것이 사업성공의 관건일 수 있다. 검사신청시 입력한 자료를 최대한 이용하는 방향으로 프로그램을 설계하고 기안문은 코드화하는 등 입력을 최소화하여 이용자의 편의를 최우선으로 했다.

활용률 제고를 위한 PDA 부가 서비스 제공

PDA 단말기의 활용률을 높이기 위해 무선을 이용한 검사업무뿐 아니라 외부 검사현장에서 검사업무와 관련된 통화를 위한 휴대전화 기능, 검사현장에서 발견된 해충 및 불법 반입식물에 대한 증거자료 확보를 위한 카메라기능, 수출단지나 격리재배지 등 초행길 출장시 검사현장에 신속히 도착할 수 있도록 지원하는 내비게이션 기능 등의 부가 서비스 제공이 가능한 단말기를 선정해 활용도를 극대화할 수 있도록 했다.

| 박제성 | 서울출입국관리사무소

세계 초일류 출입국 서비스에 도전한다
출입국 민원처리 절차 혁신

급증하는 체류 외국인과 그에 따른 행정 수요의 급속한 증가를 인력 증원과 공간 확보라는 단순 인프라의 구축으로 해결하기 보다는, 면밀한 업무 프로세스와 기존의 제도 및 관행에 대한 철저한 분석을 통해 고품질의 고객만족 서비스 제공과 세계 초일류의 출입국 행정으로 거듭나는 계기를 마련해야 한다.

무엇이 문제인가?

서울출입국관리사무소가 관리하고 있는 체류 외국인은 약 23만 명에 달하며, 폭증한 행정 수요로 방문 민원인이 급증했으나 새로운 대응 시스템 없이 과거 방식으로 업무를 수행해 민원인의 불편이 심화되었다.

또한 홈페이지, 안내전화 등 사전안내 시스템 취약으로 단순 상담을 위한 직접방문자가 증가해 민원창구의 혼잡이 가중되었으며, 서류 표준화가 미흡하고 접수 후 당일처리가 안 되어 사무소를 재차 방문해야 하는 불편이 있었다.

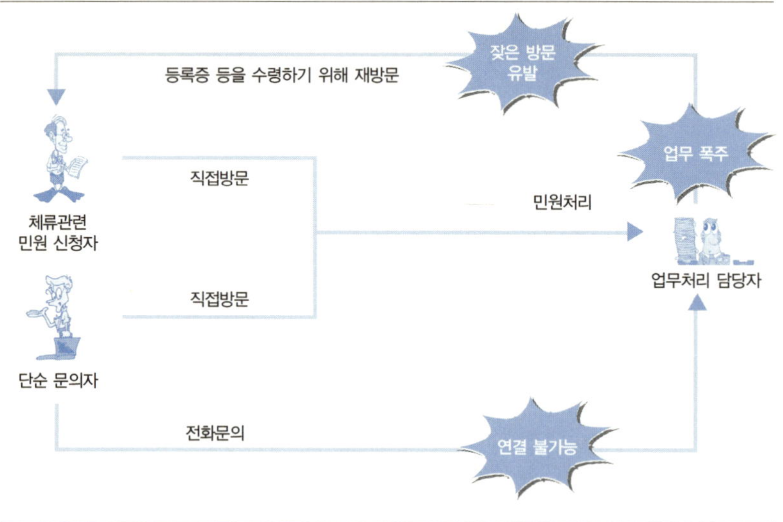

이러한 인적·물적 한계를 극복하고 고객 중심의 서비스를 제공하기 위한 방법은 없을까?

먼저 업무절차 효율화, 과감한 제도개선, 정보접근 채널의 다원화 등을 통해 고객만족 경영을 추구한 결과, 3시간 걸리던 대기시간이 50분으로, 44일 걸리던 사증인정서 발급 기간이 18일로 줄었다. 2006년에는 인력을 보강하고 고품질의 고객만족 서비스를 제공할 계획이다.

혁신과제 추진 내용

자체 홈페이지 구축 · 운영

- 홈페이지 관리 활성화계획 수립 : 홈페이지 관리 전담팀 구성 등

상시 모니터링 체제를 마련하고 월별 홈페이지 운영 실적을 분석한 뒤 문제점을 개선했다.

- 한글 홈페이지 오픈 : 참여마당, 알림마당, 업무안내, 자료실 등으로 구성되었으며 각종 증명서 발급(4종), 사전예약(10종) 등 전자민원 서비스를 제공하기 시작했다.
- 영문 홈페이지 오픈 : 체류신청 절차 및 처리절차 안내를 대폭 강화했으며, 영문 홈페이지 담당자를 지정하여 신속하게 민원에 답변토록 했다.

전화민원상담관제(Call center) 운영

- 사무소 전화응대 실태 분석 : 타기관(구청, 경찰서 등)보다 저조한 전화 접속률(27%)을 보이고 있었으며 주요 민원부서는 방문자 처리에 급급한 실정이었다.
- 전화민원상담센터 오픈 : 5명으로 구성된 전화민원상담관제를 운영했으며 이의 효과로 민원부서의 업무 부담을 줄이고(상담원 1인당 하루 200회선 응대), 전화 접속률을 향상시켰다(27%→40%). 또한 전화상담원을 7명 충원하고 상담 프로그램 개발을 추진했다.

상담창구 별도 지정 운영

- 상담안내 전용창구 지정 : 단순 상담을 목적으로 방문하는 민원인을 위한 전용창구를 확대지정(2005년 1월)했으며, 총 24개 민원창구 중 4개를 상담안내 전용창구로 운영했다.
- 상담안내 전용창구 운영방식 : 업무지식 및 경험이 많은 직원을 우선적으로 배치하고 방문자 수에 따라 탄력적으로 운영했다.

- 출입국협회 자원봉사자 활용 : 퇴직한 전직 출입국관리공무원을 자원봉사 형태로 적극 활용하여 안내 및 상담 수요가 많은 중국계에 집중 배치했다.

인터넷 사전예약제 활성화

- 현행 '인터넷 사전예약제' 실태 분석 : 시범운영 결과 분석에 따르면, 일일평균 16건 예약에 8.5건을 처리했다. 자체 홈페이지 운영과 함께 일일 예약가능 인원을 확대시켰다. 그러나 예약부도율이 높고 예약인원이 제한적이라 실시 효과가 미흡하여 일일 예약 한도의 대폭 확대가 필요하다는 개선안을 도출시켰다.
- 인터넷 사전예약제 활성화 방안 검토 · 추진 : 일일 예약가능 인원의 대폭 확대를 추진하고 〈출입국관리국 전자민원창구 개발요청안〉을 본부에 보고하여 예약 한도를 현재의 56명에서 무한대로 확대시켰다. 또한 새로운 사전예약 시스템을 시범운영했다.

출입국 관련 증명발급 온라인 처리

- 전자민원 서비스 토대 구축 : 자체 홈페이지에 전자민원창구를 개설하고, 증명발급(4종) 및 사전예약기능(10종)을 제공했다. 인프라 환경 미비로 온라인 증명발급 서비스 개시가 지연되고 있었으나 이를 개선해 실시했다.
- 온라인 증명발급 서비스 개시 : G4C사업과 연계해 온라인 증명발급 서비스를 개시했다. 서비스 활성화 이전까지는 방문신청자도 병행처리했으며 인프라 환경 보강 및 서비스 확대를 추진했다. 체류 외국인에게 이에 대한 개별 안내문을 발송하고 홈페이지 홍보

를 실시했다.

제출서류 간소화 표준화 이미지화

- 경인 지역 체류담당자 회의 개최 : 제출서류 표준화 및 간소화로 사무소 간 통일적 업무처리 기준을 마련하고 행정처리의 투명성과 공정성을 강화키로 했다. 회의 결과 〈제출서류 개정안〉을 본부에 제출하여 정책에 반영키로 했다.
- 이미지관리 시스템 구축 : 민원인이 제출한 서류를 이미지화하고, 동일 서류의 중복제출을 방지하고, 체류허가 관련 문서 및 국내거소신고 관련 문서를 이미지화했다.

위임전결규정 대폭 하향조정

- 현 위임전결규정 검토 : 반복 업무, 신속한 처리를 요하는 체류업무를 전면 재검토하고 권한의 위임확대 및 업무처리 절차 간소화 필요성에 대한 공감대를 형성했다.
- 내부 위임전결규정 개정 : 시청 분소 활성화 및 본소 혼잡도 개선을 위한 내부 위임전결규정을 개정했다. 강북 지역 외국인 체류편의 개선 및 세종로분소 운영 활성화를 위한 내부 위임전결규정을 대폭 개정했다.

택배송부제 확대 실시

- 현행 우편송부제 실태 분석 : 창구 혼잡도 완화에 기여하는 측면이 있는 반면, 수취인 부재시 반송되는 경우가 발생했다.
- 택배송부제 도입 타당성 검토 : 우편송부 방식보다 신속하고, 여권

등 분실 가능성이 희박하고 우편물 중량에 관계없는 균등한 요금
체계로 장점이 많았다.

- 택배송부제 도입 · 시행 : 시범실시를 본관부터 시작한 뒤 본관/별
  관/사증과 택배송부제를 전면 통합해 시행했다. 택배사 직원이 민
  원실에 상주하여 택배신청서 대필 등 민원 편의를 제공했다. 또한
  별관 택배제 전면시행 방안을 수립하고 시행했다.

민원창구 직원 사기 진작

- 문제점 파악 및 개선방안 마련 : 그 동안 개인별 우수 · 성실도에
  따른 인센티브 부여 및 제재조치가 미흡했다. 이에 대한 개선방안
  으로 합리적이고 공정한 포상 및 실질적 제재조치를 이행하기로
  결정했다.

- 직원 친절도 제고 세부추진계획 수립 · 시행 : 월별 · 분기별로 친
  절직원에 대해 포상하고 인사고과에 반영키로 했으며, 불친절직원
  에 대한 부서장 특별교육 등 제재조치도 실시키로 했다.

- 개인별 행정혁신 성과 등 평가 및 활용계획 수립 · 시행 : 혁신성과
  에 따른 공정한 신상필벌 시행으로 혁신참여 동기를 부여하고 우
  수직원에 대한 인사고과 우대 등 실질적인 인센티브를 제공했다.

혁신의 성공 요인

- 기관장의 확고한 의지와 리더십 : 명확한 목표설정 및 추진과정에
  대한 지속적인 관심으로 혁신을 이끌어나갔다. 또한 공정한 인센

티브 부여를 통한 혁신 지향적 조직문화를 조성함으로써 혁신의
분위기를 창출했다.

- 입체적 개선방안 도출 및 정책수행의 탄력성 유지 : 가용한 모든
  정책적 수단을 종합적으로 검토하고 이를 효율적으로 동원했다.
  환경 변화에 따른 합리적 대응방안을 모색하고 신속한 정책보완으
  로 혁신을 성공시켰다.

- 직원의 능동적 참여 및 일치단결된 실천의지 : 전직원이 각종 제도
  개선과 업무절차혁신 활동에 자발적으로 참여했다. 1시간 조기출
  근, 교대 점심식사 등 전직원의 헌신적인 노력으로 혁신을 성공시
  킬 수 있었다.

| 김영일 | 정보통신부 우정사업본부

우체국 콜센터가 고객감동센터로 거듭나다
우체국 콜센터 'VOC 관리시스템' 구축

종전에는 우체국 콜센터에 접수된 민원 중 해당 우체국에서 처리해야 될 사항이 있으면 유선으로 이관하여 처리토록 함으로써 민원처리 시간이 지연되고 민원 재발도 좀처럼 줄지 않았다. 이를 개선하기 위해 우체국 민원처리에 대한 실시간 모니터링 및 평가 시스템의 필요성이 강력히 대두되었다.

변화는 선택이 아니라 생존의 문제

정보통신부 우정사업본부는 '우체국 콜센터 VOC(Voice of Customer) 관리시스템'을 2005년 7월 1일부터 구축, 운영하고 있다. 이는 대외적인 평가에 만족하지 않고 고객이 직접 피부로 느낄 수 있도록 서비스 수준을 획기적으로 향상시켜 우체국 콜센터를 고객감동센터로 탈바꿈하기 위한 목적에 의해 만들어진 것이다.

종전에는 우체국 콜센터에 접수된 민원 중 해당 우체국에서 처리해야 될 사항이 있으면 유선으로 이관하여 처리토록 함으로써, 민원처리 시간이 지연되고 민원 재발도 줄어들지 않았다. 이를 개선하기 위해 우체국 민원처리에 대한 실시간 모니터링 및 평가 시스템의 필요성이 강력히 대두되면서 우체국 콜센터 VOC 관리시스템을 구축하기에 이르렀다.

이 시스템은 우체국 콜센터에 접수된 고객불만 사항을 접수한 후 처리가 완료될 때까지 실시간으로 관리하고 그 결과를 관서별로 '발생률', '재발률', '신속한 처리율' 등으로 지표화하여 관리 평가함으로써 고객이 느끼는 서비스 수준을 실질적으로 향상시킬 수 있는 고객관리시스템이다.

VOC 관리시스템은 전화와 인터넷을 통해 접수된 민원처리 과정을 체계적으로 통합해 처리시간을 단축시키고, 고객의 피드백을 모든 창구에서 동시에 받아볼 수 있게 했다. 이를 통해 고객불만을 유형별로 분석·관리하여 궁극적으로 발생률과 재발률을 줄이도록 지원한다.

이러한 VOC 관리시스템이 어떤 과정을 통해 추진되는지는 아래의 도표에서 확인할 수 있다.

고객불만 처리 및 피드백 흐름도

VOC 관리시스템 왜 필요한가?

우체국 콜센터는 출범 이후 전국 우체국 전산망을 통합하는 우편물류 정보시스템인 'PostNet 구축(2004년 8월)'을 계기로 민원처리 프로세스를 시스템에 접목시키는 방안을 강구하기 시작했다.

우리 콜센터는 PostNet의 구축과 관리과정을 통해 얻은 노하우로 한 단계 업그레이드된 시스템을 구상하게 되었다. 특히 새로운 시스템의 성공적인 운용을 위해서는 무엇보다도 민원처리 결과에 대한 피드백 강화와 우체국의 적극적인 협조가 필요했다. 이를 위해 민원 유형을 세분화하고, 우체국별 민원처리 결과에 대한 평가시스템을 구축하는 작업에 돌입했다.

2005년 2월 우정사업본부 고객만족경영 추진계획에 구체적인 시행안을 포함시키면서 VOC 관리시스템 추진이 본격화되었다. 시행안의 주요 내용은 "우체국 콜센터에 접수되는 고객불만 사항을 실시간 처리하는 시스템을 구축해서 고객불만을 유형별로 분석하고, 관서별 처리 결과에 대해 평가한 뒤 고객만족 경영평가에 반영하자"는 것이었다. 그리하여 2005년 3월 우체국 콜센터는 민원 유형을 10가지로 세분화해서 정의하고, 평가지표 설정 및 평가방법을 마련했다. 그리고 VOC 관리시스템 계획을 수립해 프로그램 내용 및 테스트 일정 등을 정보통신부 지식정보센터에 시달함으로써 본격적인 개발에 착수했다.

2005년 4월, 우정사업본부는 체신청, 지식정보센터, 우체국 콜센터 담당자 및 프로그램 개발자 등 관계자가 참석한 가운데 모임을 갖고 시스템 개요 및 추진 경과를 설명했다. 그리고 2005년 5월 검토회의를 개최하여 프로그램 테스트 결과 및 보완사항에 대해 토의하고 시스템 운용지

침서와 사용자 매뉴얼을 검토했다. 또한 시행 과정에서 예상되는 여러 가지 문제점에 대해서도 최종 검토했다. 그 후 2005년 6월 1일부터 6월 30일까지 시스템 안정화를 위한 시험운용을 거쳐 시스템을 최종 점검했으며, 운용 대상자에 대한 교육을 실시했다. 그리하여 모든 시행 준비를 마치고 드디어 2005년 7월 1일부터 본격 시행에 들어갔다.

모범 사례가 되고자 한마음으로 VOC 관리시스템 구축

콜센터 구축 이후 고객과의 만남과 응대가 일원화되었을 뿐 아니라, 표준화된 응대서비스가 이루어졌다. 또 이를 기반으로 우체국 전국 전산망을 연결하는 우편물류정보시스템을 활용할 수 있었다. 또한 민원처리 과정 및 결과에 대해 상시 모니터링과 평가를 한 후 인센티브를 부여했다. 이를 통해 직원들로 하여금 민원처리에 있어 항상 평가받는다는 인식을 갖게 하고, 평가점수가 좋을 경우에는 인센티브를 부여함으로써 선의의 경쟁을 유발시켜 언제나 정성스런 민원처리가 이루어지도록 유도했다. 한편, 여기서 나온 민원 유형별 처리내용은 실시간으로 피드백함으로써 우체국에 유용하고 신속한 정보제공이 가능하도록 했다.

VOC 관리시스템의 도입을 원활하게 이루어낸 바탕은 무엇보다도 고객이 만족할 때까지 서비스를 지속적으로 업그레이드해 나간다는 직원들의 사명감이었다. 이것이 공공 부문 고객만족도 1위를 넘어 민간 부문보다 더 나은 서비스 실현을 목표로 삼게 되었고, 우체국 직원들의 CS마인드가 이미 높은 수준에 이르렀기 때문에 시스템 변화에 있어서도 빠른 적응을 이끌어냈다. 결국 정부 최초의 사례로서 타기관에 모범 사례가 되고자 했던 우체국 콜센터 직원 모두의 의지가 있었기에 VOC 관리시스템 도입 및 구축은 순조롭게 이루어질 수 있었다.

VOC 관리시스템의 성과는 어떻게 나타나는가

첫째, 민원처리 시간이 큰 폭으로 단축되었다. 2005년 1월부터 6월까지는 건당 평균 민원처리 시간이 39시간 소요되었으나, 시스템 운용 후인 2005년 7월 1일에서 8월 17일까지 평균 처리 시간은 10시간으로 약 29시간 단축되었다.

둘째, 민원처리 결과에 대한 평가 및 인센티브 제공으로 적극적인 처리 노력을 이끌어냈다는 점이다. 더 이상 민원처리를 미룰 수 없으며, 민원 재발 방지를 위해서는 한 건의 민원이라도 소홀히 처리해서는 안 된다는 기업문화를 창조한 것이다.

셋째, 유선을 통한 불분명한 민원처리 과정이 수혜자인 국민으로부터 어떤 형태로 나타나는가를 확인할 필요성을 불러일으켰다. 예를 들어 우체국 정식 집배원의 CS 수준과 위탁 집배원의 CS 수준 차이에서 발생하는 고객만족도 불균형 요소를 점검토록 했다. 이러한 점검은 우체국 CS의 전체적인 이용만족도를 향상시킬 뿐 아니라, CS 순환체계가 스스로 한 단계 업그레이드되도록 일조했다. 이런 노력의 결과 콜센터는 우체국 CS의 중심으로서 고객서비스를 모니터링하고, 현장 중심의 고객만족 경영을 위한 각종 CS지수를 생산하는 전략기지로 거듭나고자 했다.

향후 우체국 콜센터는 이 시스템의 운용 성과 및 문제점을 면밀히 분석하고 추가의 평가지표를 개발할 것이다. 이러한 심도 깊은 민원처리 모니터링을 통해 고객 중심의 경영의지 정착 및 실천의지를 확립할 것이다. 또한 이런 노력이 최종적으로 고객가치 창조로까지 연결되도록 CRM을 잘 접목시켜 고객을 찾아가는 서비스 구현이 가능해지도록 할 것이다.

CHAPTER 4
당신의 불만이 바로 정답입니다

| 박태연 | 관세청 광주세관

국제우편물 통관절차, 너무 복잡해요!
국제우편물 One-Stop 통관 서비스 실시

"다른 사람이 내가 받을 물건을 먼저 뜯어보았고, 또한 선물인데 돈까지 내야 한다는 게 이해가 되지 않았다. 결국 세관직원과 전화통화 끝에 복잡한 국제우편물 통관절차를 어느 정도 알게 되었지만 위험하거나 불법적인 물건도 아닌 아들이 보내준 선물인데, 왜 이렇게 복잡한 절차를 거쳐야 하고 세금까지 내야 하는지 억울한 생각이 들었다."

둘째아들 내외가 미국으로 이민가 살고 있는 김씨는 며칠 전 아들로부터 선물을 보냈다는 반가운 전화를 받았다. 집배원 아저씨를 기다리는 김씨의 마음은 아들내외의 소식과 아들이 보냈다는 선물 생각으로 들떠 있었다.

우체국에 전화를 걸어 우편물을 언제 받을 수 있는지 문의까지 했고, 내일 중으로 받을 수 있다는 대답도 들었다. 하지만 고대하며 기다린 집배원 아저씨는 '국제도착 우편물 개장검사 안내문'과 '우편물 과세통관 안내서'를 주면서 세금을 내야만 우편물을 받을 수 있다고 말했다. 무슨 얘기인지 도통 알 수 없어 안내문에 있는 전화번호로 전화를 해봤지만 전화는 계속 통화 중이었다.

할 수 없이 세금을 납부하고 아들이 보낸 선물을 받았지만, 다른 사람이 내가 받을 물건을 먼저 뜯어보았고, 또한 선물인데 돈까지 내야 한다는 게 이해가 되지 않았다. 결국 세관직원과 전화통화 끝에 복잡한 국제우편물 통관절차를 어느 정도 알게 되었지만 위험하거나 불법적인 물건도 아닌 아들이 보내준 선물인데, 왜 이렇게 복잡한 절차를 거쳐야 하고 세금까지 내야 하는지 억울한 마음뿐이었다. – 민원인 전화상담 내용 중에서

고객만족을 위한 발걸음은 작은 것에서부터 시작된다

국제우편물이란 해외에 거주하는 친지나 거래회사에서 보내온 물품 및 인터넷 등 통신을 통해 대금을 지불하고 국내로 반입된 우편물을 말한다. 국제우편물은 세관의 통관절차를 거쳐(편지는 제외) 국내 거주자에게 보내진다. 과세가격 15만 원 이하인 물품은 면세통관되며, 15만 원 초과인 물품은 통상 20%의 간이세율을 적용하여 과세통관된다.

보이지 않는 곳에서 혁신방안을 찾다!

통관우체국에 우편물이 도착하면 세관직원 입회 하에 우체국직원이 물품을 개봉하면서 검사가 시작된다. 검사결과 '즉시통관대상물품', 국민보건 등 '요건확인대상물품' 및 '통관불허물품'을 선별한다. 특히 검역대상물품의 경우에는 우체국에서 검역소 등 해당 기관에 통보하고, 해당 기관은 우체국에 출장하여 물품 확인 후 그 결과에 따라 통관 등의 조치를 취한다.

이러한 국제우편물 통관 과정에는 아무런 문제점도 보이지 않는다! 그러나 민원인의 전화는 끊임없이 계속되고 있다. 고민은 계속되었다.

현재 모든 검역대상물품에 대하여, '우체국은 검역기관에 전화로 검역 대상임을 통보 → 검역기관은 우체국에 현지 출장하여 물품 확인 후 검역실시하고 그 결과를 우체국에 통보 → 우체국은 다시 그 내용을 세관에 통보 → 세관은 그 검역결과의 내용에 따라 통관(또는 통관불허)'의 절차가 행해지고 있으며, 또한 상당수 수취인이 검역기관, 우체국 및 세관에 출두하여 검역신청 등 필요한 절차를 직접 수행하고 있다. 하지만 세관에서 좀더 세심하게 통관절차를 수행하면 시간을 단축할 수 있는 방안이 도출될 수 있다는 의견이 제시되었다.

또한 국제도착 우편물 개장검사 안내문 및 현장 과세대상 우편물, 세금 산정방법 등을 기재한 '우편물 과세통관 안내서'를 민원인에게 우편물과 함께 배포하고 있지만, 기존의 안내문만으로는 복잡한 통관절차를 이해시킬 수 없음이 문제의 핵심임을 인지하게 되었다.

이를 해결하기 위한 혁신은 작은 의문점에서부터 시작되었다. 첫째, 국제우편물 통관처리 과정에서 통관 소요시간을 더 단축시킬 수 없을까? 둘째, 왜 민원인의 전화가 계속 걸려올까? 민원인의 전화를 줄일 수 있는 방법은 없을까?

고객의 불만에 귀를 기울이다

먼저 원활한 업무처리를 방해하는 (끊임없이 걸려오는) 민원인의 전화내용을 분석하는 작업을 진행했다. 다양한 전화들을 내용별로 구별함으로써 주요 민원내용을 파악할 수 있었다. 그리고 민원내용을 파악하자 문제점이 여실히 드러났다.

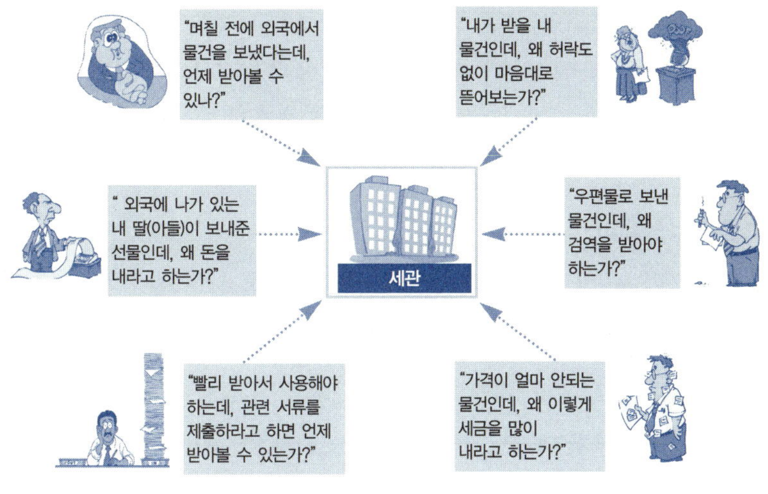

- "민원인들의 전화 중 가장 많은 내용은 세금에 관한 것과 언제 받을 수 있는가에 대한 것이다."
- "대다수의 국민들은 국제우편물을 일반우편물처럼 생각하기에 복잡한 처리절차를 이해하지 못하고 까다롭게만 여긴다."
- "민원인들이 우체국까지 직접 방문하는 것은 물론 필요한 서류를 FAX 등으로 받아 처리해 주는 것마저도 번거롭게 생각한다."

해결방안은?

광주세관 통관직원과 전직원이 머리를 맞대자 통관지원과장을 필두로 여러 문제점에 대한 해결방안이 제시되었으며, 수차례 협의 후 다음 두 가지 방안으로 정리되었다.

첫째, 민원인들이 가급적 우체국에 나오지 않고도 신속히 통관해 주는 방법이 없을까? 이를 위해 통관 소요시간 단축을 위한 절차 간소화 방안을 마련하자.

둘째, 민원인들이 국제우편물을 왜 세관에서 검사하는지, 어떤 절차를 거쳐야 하는지 이해하면 불만이 줄어들 것이다.

혁신은 실천이다!

곧 우체국, 국립수의과학검역원, 식물검역소, 식품의약품안전청 등 관련 기관 실무자들이 모여 협의를 거쳤다. 3차례에 걸쳐 모든 관련 기관이 광주세관에 모여 이 사안의 관련 법규와 실무 절차에 대해 정밀 검토를 실시했다. 먼저 관세법시행규칙 제45조 제2항 제1호의 규정에 의한 자가사용 인정기준에 대한 검토가 이루어졌으며, 또한 각 기관 관련 법규에 의해 요건확인이 생략되는 물품을 확인했다. 또한 요건확인이 생략되지 않는 물품에 대한 대행절차 수행에 관하여 협의와 논쟁이 이뤄졌다.

- 현재 상태로 수년간 해왔지만 아무런 문제가 없다.(우체국)
- 신속한 업무라는 총론에는 찬성한다. 그러나 검역대상 물품은 현품을 보아야만 확인할 수 있는데, 민원인 편의만 생각할 수 있는가?(국립수의과학검역원)
- 사무실에서 통관우체국까지 출장하는 데는 0.5일 정도면 되는데, 더 이상 뭘 할 수 있겠는가?(식물검역소)
- 세관에서 너무 앞서가는 것 아닌가? 현 상태도 좋은데… 규정상으로 우리 업무는 우리가 해야 되는 것 아닌가?(식품의약품안전청)

격론 끝에 '최종 목적은 행정처리 시간 단축에 있다'는 것에 모두 동의해 다음과 같은 최종 협의안을 도출했다.

우체국은 우편물 전달을 담당하는 기관으로서 민원인에게 좀더 빠른 서비스를 제공하기로 동의했다. 또한 국립수의과학검역원, 식물검역소, 식품의약품안전청은 세관 및 우체국 직원이 현품을 확인한 결과 자가소비용 물품은 요건확인을 생략하고, 요건확인이 필요한 경우도 민원인을 대신해 세관에서 FAX로 요건확인을 관련 기관에 신청하면 검역소 등 해당 기관은 그 결과를 FAX로 송부하여 좀더 빠른 국제우편물 통관에 동참하기로 결정했다.

요건확인 절차 간소화

내용	종전	개선 후
요건확인 신청	민원인 직접 요건확인	▶ 세관에서 요건확인 신청 대행
자가소비 물품	요건확인 후 통관	▶ 요건확인 절차 생략, 즉시 통관
세관확인 물품	검역 기관에서 이중 검사	▶ 검역 생략

그리고 국제우편물 통관에 대한 인식을 높이기 위한 방법도 협의되었다. 기존의 안내문만으로는 민원인들의 요구를 충족시킬 수 없었기에 복잡한 통관절차를 한눈에 이해할 수 있는 안내 팜플렛을 제작했으며, 민원인이 직접 자신의 우편물이 어떤 단계에 있는지 그 결과를 바로 확인할 수 있는 국제우편물 통관 조회프로그램을 구축했다. 또한 앉아서 기다리는 행정에서 탈피하여 안내 팜플렛 제작 및 조회 프로그램 구축을 언론매체를 통해 시민들에게 적극적으로 홍보하여 그 효과를 극대화했다.

열매는 달다!

- 통관 소요시간 단축 : 여수우체국이 광주우편집중국에 통합됨에 따라 국제우편물 총 처리 건수가 45% 증가했음에도 간소화된 요건확인 절차를 적용함으로써 국제우편물 통관 소요시간이 3.5일에서 2일로 단축되었다.

- 국제우편물 통관에 대한 인식 제고 : 인식과 신뢰 부족으로 불평불만을 토로하던 시민들에게 적극적으로 관세행정을 홍보함으로써 국제우편물 통관에 대한 인식을 전환시켜 고객만족도를 향상시켰다. 또한 민원전화가 대폭 감소해 원활한 통관업무를 진행할 수 있게 되었다.

- 국제우편물 One-Stop 통관 서비스 완성 : 국제우편물에 대한 검역 신청, 통관시 필요서류 등 각종 문의 요청사항을 세관에서 접수한 후 세관에서 직접 우체국, 수의과학검역원, 식물검역소, 식약청 등 관련 기관에 검역을 신청하고, 민원인들이 까다롭고 어렵게 여기는 일들을 대신 해줌으로써 국민에게 봉사하는 시스템을 만들었다. 그리고 그 결과를 민원인들에게 안내해 주는 국제우편물 One-Stop 통관 서비스가 완성되었다.

성공 요인과 효과

작은 의문점에서 시작된 문제점에 대해 포기하지 않고 전반적인 국제우편물 통관절차에 대한 분석으로 혁신방안을 찾아서 적극적인 관세행정을 실천한 것이 주효했다. 이는 세관만의 단편적인 개선이 아닌 종합적인 국제우편물 통관절차 개선을 위해 관계되는 모든 기관 간의 협력을 통해 이루어낸 결과다.

민원인이 까다롭고 어렵게 생각하는 국제우편물 통관업무를 민원인의 입장에서 생각함으로써 세관을 통해 모든 업무가 해결되도록 하는 One-Stop 통관 서비스를 실행했다. 특히 기관장의 끊임없는 관심과 명확한 목표 설정은 담당직원만의 혁신이 아닌 전직원이 참여하는 혁신 마인드를 만드는 데 크게 일조했다. 또한 내부적인 업무혁신으로 끝내지 않고 국민(고객)들에게 적극적으로 홍보함으로써 업무혁신 효과의 극대화를 이룰 수 있었다.

| 정성욱 | 환경부 영산강유역환경청

3C 전략으로 고객감동 업그레이드를!
환경부의 민원처리 혁신운동

과연 누구를 위한 혁신인가? 그 답은 너무도 당연하다. 바로 고객이다. 혁신은 고객을 위한 혁신이고, 그런 혁신이 되어야 진정한 혁신이라 할 수 있을 것이다. 그럼 고객들은 영산강유역환경청의 환경서비스에 대해 어떻게 생각하고 있는가? 어느 정도나 만족하고 있는가?

고객을 위한 혁신

오늘날 공직사회에서는 끊임없이 혁신을 강조하고 구성원들이 변화하기를 요구한다. 그런데 현실에 어느 정도 안주하고 적응하는 대다수의 공직자들에게는 혁신이라는 말 자체가 커다란 부담으로 작용하는 것이 사실이다. 그렇다면 이렇게 많은 부담을 느끼면서까지 변화하려는 이유는 무엇인가? 과연 누구를 위한 혁신인가? 그 답은 너무도 당연하다. 바로 고객이다. 혁신은 우리 고객을 위한 혁신이고, 그런 혁신이 되어야 진정한 혁신이라 할 수 있다.

　　그럼 고객들은 영산강유역환경청의 환경서비스에 대해 어떻게 생각하고 있는가? 어느 정도나 만족하고 있는가? 최근 3년간의 영산강유역환경청 고객만족도 조사결과에 따르면, 고객의 4분의 1 이상이 환경청의 서비스에 불만을 갖고 있는 것으로 나타났다.

고객불만 요인 분석

그렇다면 고객들은 영산강유역환경청 서비스의 어떤 부분에 대해 불만을 갖고 있을까? 고객들의 불만사항을 구체적으로 나열하면 업무처리 지연, 업무처리 부정확, 업무처리에서의 불친절 순으로 드러났다. 따라서 이런 불만을 해소시켜 고객만족도를 높이기 위해서는 좀더 신속하고, 정확하고, 편리한 민원처리가 요구되었다.

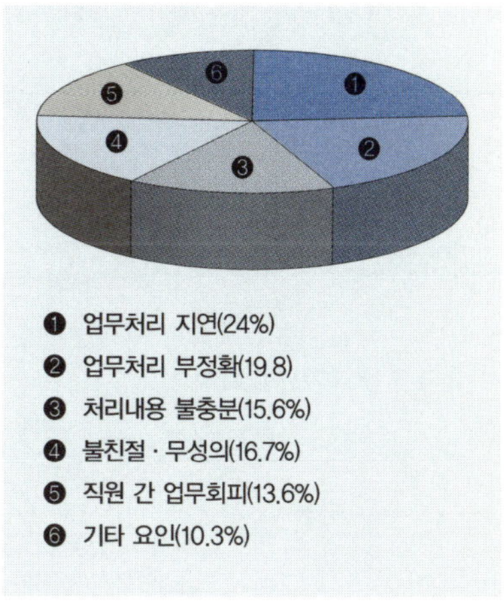

민원처리 혁신운동 전개

영산강유역환경청에서는 고객의 소리와 불만요인 분석결과를 토대로 민원처리제도의 혁신적인 변화를 통해 고객들의 불만요인을 제로화(Zero)

하고자 민원처리 혁신운동을 전개 중이다. 고객의 주요 불만요인인 업무처리 지연, 부정확, 불편함에 대하여 '보다 빠르게(Celerity), 보다 정확하게(Correct), 보다 편리하게(Convenient) 혁신하자'는 민원처리 혁신운동을 전개하고 있다.

추진전략별 세부 실천방안

전략 1. 더 빠르게(Celerity) : 민원처리 앞당기기

내용	종전	개선 후
민원문서 열람	하향식	▶ 상향식(1~2일 단축효과)
위임전결 규정	과장	▶ 업무담당자(1~2일 단축효과)
타기관 기술검토	소극적 개입	▶ 적극적 개입(1일 이상 단축효과)

민원문서 선람방식 개선

민원으로 접수된 문서에 대한 공람을 기존 하향식에서 상향식으로 조정했다. 당초에는 청장→국장→과장→계장→담당자 순으로 공람이 되어 처리기간이 지연되는 주요인으로 작용했다. 이를 담당자→계장→과장→국장→청장 순으로 공람되도록 개선하고 전직원 교육 후 2005년 5월 27일부터 시행함으로써 민원처리 시간을 약 1~2일 이상 단축시킬 수 있었다.

위임전결 규정 하향조정으로 결재 간소화

청장, 국장 위주로 지나치게 상향 편중된 결재권을 하향조정하고, 단순 반복업무는 실무담당자 전결로 가능하도록 개선함으로써 민원처리 기간을 최소 1일 이상 단축시켰다.

타기관의 검토기간 단축방안 강구

제출되는 민원 중 타기관의 검토가 필요한 사항에 대해서는 전문기관 및 지자체의 인식부족, 담당자의 소극적 자세 등으로 검토기간이 지나치게 많이 소요되고 있다. 이에 대해 환경관리공단 등 관계전문기관 및 해당 지자체 실무자와 연락체계를 구축한 후 사전설명, 신속한 처리 당부, 필요시 직접 방문 등 좀더 적극적으로 개입하여 검토기간을 최소화함으로써 처리기간을 1일 이상 단축시키고 있다.

전략 2. 더 정확하게(Correct) : 민원처리 사전 예고 및 중간 통보

내용	종전	개선 후
사전 예고	없음	▶ 접수시 처리 절차 및 기한 등 사전예고
중간 통보	없음	▶ 민원처리 중간에 진행상황 통보

민원처리 사전 예고제 실시

기존에는 민원 접수 후 민원결과 회신시까지 진행상황을 모르기 때문에 민원인이 궁금해 하고 불안해 하는 경우가 많았으나 2005년 1월 이후부터 모든 법정민원에 대해 접수 즉시 민원처리 담당자, 처리절차, 처리예정일 등을 미리 알려줌으로써 민원인의 궁금증과 불안을 해소시키고 있다.

민원처리 중간 통보제 실시

민원인의 문의전화에 대해서만 답변해 오던 방식에서 벗어나 2005년 1월 이후부터 민원처리 기한이 10일 이상인 민원처리 상황을 5~10일 간격으로 전화, 팩스, 휴대폰 문자메시지 등을 통해 통보(처리기한에 따라 횟수를 달리하여)해 줌으로써 민원인의 궁금증 해소 및 서비스의 신뢰를 향상시키고 있다.

전략 3. 더 편리하게(Convenient) : 고객불편 제로화

내용	종전	개선 후
민원예약제	방문민원시 담당자의 잦은 출장으로 인한 불편 심화	▶ 출장 없는 날 지정
민원 후견인 제도	민원 결과 회신으로 서비스 종료	▶ 민원 결과에 대하여 청장님, 국장님의 만족 여부 확인
찾아가는 서비스	오는 민원에 대해서만 관심	▶ 오는 민원뿐 아니라 직접 찾아가는 서비스 제공

민원처리 예약제 실시(출장 없는 날 지정)

담당자의 빈번한 출장으로 내방 민원인이 장시간 대기하거나 발걸음을 돌리는 경우가 많았다. 그래서 2005년 7월부터 매주 화요일과 목요일을 '출장 없는 날'로 지정하여 전원 민원상담 및 민원 사무처리를 하고 불가피한 출장인 경우에도 2인 이상 사무실 근무를 원칙으로 하고 있다. 이 제도의 홍보를 위해 영산강유역환경청 홈페이지와 이메일로 안내를 실시하고 있다. 그리고 이메일 및 전화 등의 방법을 통해 사전에 민원상담 등을 예약해서 처리할 수 있는 민원상담 예약제를 시행해 민원인이 방문 상담을 원하는 경우 상담일시를 예약 받음으로써 민원인의 시간과 노력을 절감시킬 수 있다.

민원처리 후견인(청장A/S)제도 실시

2005년 7월부터 일부 부서 소관 주요 민원 20건에 대해 매주 1건의 민원을 선정, 청장이 직접 전화 및 이메일을 통해 A/S를 실시하여 민원인에게 불편사항, 시정요구사항 등의 의견을 수렴해 개선방안을 마련하고 있다. 기관장이 직접 열린 마음으로 고객들의 소리에 귀 기울임으로써 고품질 민원서비스 제공을 위한 기초자료 확보 및 민원처리의 신뢰성 향상 등에 크게 기여하고 있다. 이에 2006년에는 모든 법정민원(18개 업무)으로 대상을 확대, 추진함으로써 고객만족도 향상을 유도하고 있다.

찾아가는 민원서비스 실시

폐기물처리시설 설치변경신고 미이행 등 4개 경미한 위반사항에 대하여 현지계도 후 현장에서 민원서류를 작성, 귀청시 접수 처리하는 '찾아가는 민원서비스'를 2005년 7월부터 시행하고 있다. 이에 따라 점검 업무 담당자에게 관련 교육을 실시하고 출장시 해당 민원에 대한 신고서식 지참 및 작성요령 교육을 실시하고 있다.

민원처리 혁신운동 효과

2005년 1월부터 민원처리 혁신운동을 추진한 결과, 2006년 2월 현재 추진 전인 2004년에 비해 민원처리 기간이 약 5일 단축된 것으로 파악되었다. 특히 폐기물처리업 변경허가의 경우 2004년에 비해 8일 정도 빠르게 처리되었고, 사전 환경성 검토의 경우 5일 정도 앞당겨 처리하는 등 가시적인 효과가 나타나고 있다.

또한 민원처리 혁신운동 추진 이후의 고객 반응을 알아보고 의견을 수렴하기 위해 민원처리 A/S제도 등을 운영한 결과, 민원인들은 과거에 비해 민원처리 기간이 많이 단축되었다는 사실에 가장 만족해 하는 것으로 나타났다. 또한 민원처리 후 환경청장이 민원인에게 직접 전화를 하여 민원처리 결과에 대해 A/S를 실시한 점을 높이 평가하고 있는 것으로 나타났다.

세관장님! 출고 할증료 좀 없애주세요
원거리 보세창고 관세청 원격업무처리시스템(VPN) 도입

공무원은 민원업무가 있는 곳이면 어디든 달려가서 해결해 주는 세일즈맨이 되어야 한다. 수입업자의 특별한 잘못이 없어도 세관업무 처리절차에 따라 어쩔 수 없이 수입업자가 출고 할증료를 부담하고 있는데, 원격업무지원시스템(VPN)을 도입해 통관 소요시간을 단축시키고 민원인의 비용 부담을 해소시켜줌으로써 우는 민원인의 얼굴을 웃게 만들었다.

부산 지역 수출입 화물의 현주소

부산항은 우리나라 제1의 관문으로서 수출입 화물의 80%가 부산항을 통해 반출입되고 있다. 부산항으로 반입된 수입화물의 화주는 대부분 서울·경인 지역에 사업장을 두고 있어 본인이 수입한 화물을 한시라도 빨리 찾고 싶어한다. 그런데 부산–서울 간 고속도로는 1980년대 이래로 포화 상태이며, 특히 낮에는 거북이걸음을 하기 일쑤여서 대부분의 운송인은 차량통행량이 상대적으로 적은 야간시간에 운송하는 경향이 있다.

수입화물의 이동 경로는 다음과 같다. 즉 선박이 부산항에 입항하면 선박에서 화물을 하선장소로 이동시키고, 보세창고에서 통관절차가 완료될 때까지 보관한 뒤, 절차가 끝나면 보세창고에서 화주에게 인도한다.

이때 해당 신고서가 검사대상으로 선별되지 않으면 화면심사 또는 서류심사를 거친 후 이상이 없는 경우 세액을 납부하고 통관절차가 완료된다. 그런데 신고서가 검사대상으로 선별되는 경우, 신고인이 서류를 제출하면 검사자는 수입물품을 검사한 후 귀청하여 검사 결과를 관리자에게 전산 및 서류결재를 동시에 의뢰한다. 결재 후 세액이 납부되면 통관절차가 완료되는데, 이 경우에는 절차가 다소 복잡하고 많은 시간이 소요된다.

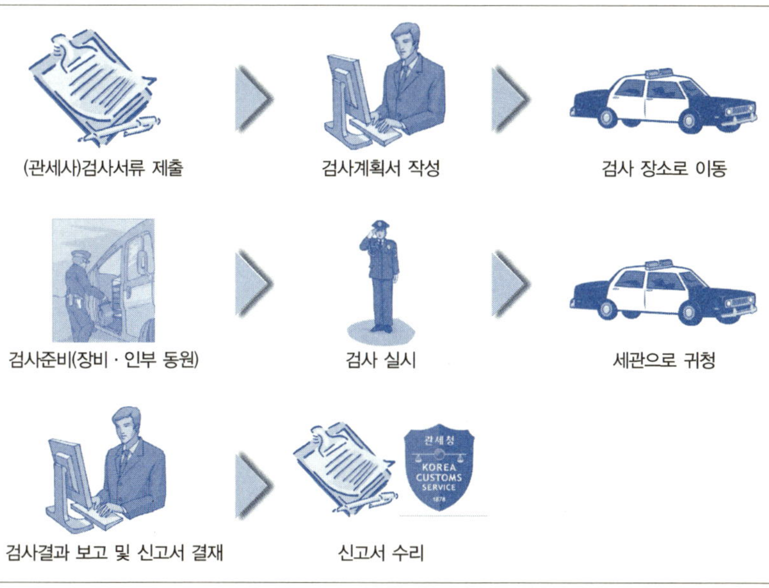

보세창고 현황과 수입검사 여건

부산세관의 관할 보세창고는 부산세관을 기준으로 부두·영도·사하 지역으로 구분할 수 있는데, 각 지역별로 검사차량 1대가 제공되며 차량 1대에 여러 명의 검사직원이 승차해서 검사를 실시한다. 이에 따라 검사 후 귀청시간이 늦어지게 마련이다. 특히 세관과의 거리가 먼 사하 지역은 17시 이후에 직원이 돌아와 일괄 결재처리를 한다. 그 결과 보세창고에서 물품을 반출할 때에는 업무시간이 지남으로써 할증료가 발생하는 실정이었다.

양산세관의 경우도 수입검사를 보세창고 구역별로 5개로 나눠 실시했는데, 직원 1인당 검사 건수가 다른 세관에 비해 상대적으로 많았다. 또 30km 이상 떨어진 외곽에 산재해 있고 창고 간 거리가 멀어 많은 시간이 소요되었다. 마찬가지로 검사대상 신고서는 보통 17시 이후에 결재되고 있는 실정이었다. 검사직원이 검사를 마치고 청사로 돌아오는 시간을 단축시키기 위해서는 업무용 차량을 늘리면 해결되지만 이는 예산상 불가능한 문제였다. 그리하여 검사대상 신고서의 신속처리를 위한 방안이 연구되었다.

관세청 원격업무지원시스템(VPN) 설치

저렴한 비용으로 예산낭비를 막고 수입검사 신고서 검사 후 즉시처리라는 과제를 동시에 해결할 수 있는 방안 마련에 고심하던 중 보세창고에서 사용하고 있는 PC에 관세청 원격업무처리시스템(VPN)을 설치하는 방안을 도출하게 되었다. VPN은 인터넷을 이용하기 때문에 전용회선에 비해 안정성은 떨어지나 사용과 설치가 용이하고 비용이 저렴하다는 장점이 있다.

VPN 설치에 따른 가장 큰 걸림돌은 보안문제인데 VPN은 사용자가 사무실에서 처리하는 업무를 원거리에 있는 PC의 인터넷을 이용하여 바로 처리할 수 있는 원격업무시스템이다. VPN은 보안성 검토 인증제품이나 보안강화를 위해 관리자 및 사용자들의 철저한 보안관리가 필요하다는 의견이 제기되었다.

VPN을 설치한 PC에서 수입통관시스템에 접근하기 위해서는 몇 단계 과정을 거친 후 세관직원 부호와 비밀번호를 입력해야만 가능하도록 시스템이 구비되어 있다. 그러나 해킹을 당할 경우에는 악용의 소지가 있다는 난관에 부딪혀 세관직원들이 상기의 문제를 집중 토론한 결과 세관의 수입통관업무는 객체에 권리 등을 부여하는 행정행위가 아니라, 납세의무를 부과하는 행정행위이므로 해킹으로 악용될 소지가 없다는 결론이 내려졌다.

또한 보세창고는 보세사 및 운영인에게 보세 구역을 자율적으로 운영할 수 있도록 '자율관리보세구역제도'를 운영하고 있어 자율보세창고로 등록된 창고의 보세사 PC에 VPN을 설치하기로 방침을 정했다.

VPN 설치 과정

VPN 설치를 관세청 정보관리과에 요청하고 저렴한 비용과 관세청 인력만으로 다음의 절차를 거쳐 설치를 추진하게 되었다.

선택의 문제	부산세관 관할 보세구역은 152개인데 모든 보세구역에 VPN을 설치할 수 없는 현실에서 선택의 문제가 대두된다.
현지 답사	세관과 멀리 떨어져 있어 할증료 문제가 많이 발생하는 사하 지역(20Km거리, 냉동창고 64개와 일반창고 4개)을 설치예정 지역으로 선정, 현지 답사 과정을 거친다.
창고 의견 수렴	관세청 및 세관직원은 68개 보세창고를 방문하여 VPN 설치 목적과 제반사항을 설명하고 창고측의 의견을 구한 결과 대다수의 창고에서 설치·운영하고 싶다는 호응을 얻는다.
선정 기준 마련	VPN의 수는 최소화하고 효과는 최대화할 수 있는 것이 필요하다고 판단 위치, 업무량, 사무실 환경, 법규준수도 등의 선정 기준을 마련, VPN을 설치할 창고 선정 내부방침을 정한다.
창고 선정	직원들과 토의한 결과 사하 지역 소재 7개 정도의 창고에만 VPN을 설치하면 문제가 해결될 것이라는 결론을 얻었다.

VPN 설치와 홍보

위 기준을 토대로 부산세관 관할 보세창고 7곳, 양산세관 관할 보세창고 7곳, 용당세관 관할 보세창고 2곳의 보세사 PC에 VPN 설치를 완료했다. 이후 부산세관 홈페이지에 이 사실을 게재하고 통관 관련 종사자들과 수입화주들이 활용할 수 있도록 적극적으로 홍보했다.

추진효과

- 기업체 물류비용 절감 : 총 비용은 15억 1,200만 원에 달했다. 이는 출고할증료 비용 10억 800만 원에다 물류지체에 따른 차량 및

기사대기료 5억 400만 원이 더해진 것이다. 여기에 적기납품에 따른 기업 이윤은 수치로 환산할 수 없는 큰 비용이다.

- 고질적인 반복민원 문제해결 : 세관 검사직원이 사무실로 돌아온 후 본인들의 수입신고서를 먼저 처리하려는 관세사(화주)와 신고서 담당직원과 마찰이 발생했는데, 이를 해소할 수 있었다.
- 검사 대상 수입신고서의 통관 소요시간 단축 : 검사 대상 수입신고서를 현장(보세창고)에서 VPN을 이용해 검사 후 즉시 결재 의뢰함으로써 통관 소요시간을 평균 2시간 이상 단축시켰다. 또 서류심사 대상 수입신고서 중 미결로 남아 있는 수입신고서일지라도 요건이 보완된 경우에 한해 담당자가 현장에서 정정 내용을 확인해 즉시 처리했다.

고객들의 좋은 호응 및 추가 설치 희망으로 VPN의 수요를 파악한 결과, 2006년 현재 부산 사하 지역 보세창고(8개 업체)에서 설치를 희망하여 추진하는 등 VPN 설치 구역을 점진적으로 확대해 가고 있다.

| 김지숙 | 조달청 고객지원센터

고객의 불편해소, 고객참여가 정답입니다
참여형 민원/제도개선 시스템 운영

문제는 날로 높아지는 고객들의 기대 수준과 변화 요구에 적절하게 대응하지 못한 데 있었다. 이에 고객불편 사항을 상시모니터링하는 체계를 갖추고 민원만족도 향상 방안을 수립하여 '4단계 민원 제도개선 시스템'을 탄생시켰다. 고객의 입장에서 정책과 제도를 혁신해 상향식 혁신 시스템을 정착시킨 것이다

정부조달 전반의 애로사항 해결도 조달청 업무

조달청은 국내총생산(GDP)의 10% 수준인 연간 80조 원에 달하는 공공조달 집행을 지원한다. 이를 위해 국가종합전자조달 시스템인 '나라장터'를 운영해 공공기관과 기업 간의 조달 거래가 투명하고 효율적으로 집행되도록 지원하며, 13만 명에 달하는 개인 및 기업사업자의 입찰참가 자격을 통합 등록 관리하고 있다.

나라장터에서는 모든 조달정보를 실시간 공개하고 연간 2,000만 건의 투찰, 입찰서 심사, 낙찰자 결정, 대금지급에 이르는 모든 과정을 실시간

전자적으로 처리한다. 또한 정부조달 콜센터 상담 및 계약 관련 법규해석 서비스를 제공하여 정부조달 전반에 대한 애로사항을 실시간으로 해결하는 것도 조달청 업무다.

업무의 성격이 이러하니 '민원과 제도개선을 연계'한 민원해결 시스템을 구축하고 외부의 전문 인사를 영입해 의사결정 과정에 참여시키는 것도 없어서는 안 될 주요 업무가 되었다. 이들 내·외부 모니터단과 청장 주재 민원해소대책회의, 차장 주재 민원/제도개선 협의회 등에서는 모니터단에서 발굴된 고객의 불만사항과 변화요구 등을 혁신활동에 반영해 고객 중심의 서비스로 개선, 추진하고 있다.

상향식 민원처리 시스템의 구축 필요성

이러한 고객 중심 서비스로의 개선 노력은 모든 직원에게 영향을 미쳐 국민(고객)의 요구에 기초한 '상향식 민원처리 시스템'과 '고객 중심 조달행정'에 대한 공감대를 확산시키는 계기로 작용했다. 더욱이 날로 높아지는 고객의 요구 수준을 충족시키기 위해서는 지속적인 만족도 제고 시스템의 필요성이 점점 강조되는 분위기였다.

일례로, 2005년 민원만족도 순위에서 4위를 기록해 상위 그룹에 랭크되었지만, 점수는 오히려 1.4점 하락하는 현상을 보인 것이다(2004년 77.8 →2005년 76.4점). 점수가 내려간 원인을 분석한 결과, 외부 제안 및 모니터단을 통한 제도개선과제 발굴 실적이 저조하고 민원 관련 회의운영이 미흡하다는 등의 상향식 민원해결 시스템이 아직 정착되지 못했다는 결론을 얻었다.

특히 2004년도 제도개선과제 총 75건 중 외부 모니터단을 통한 과제 발굴은 단 6건(8.0%)에 불과하고, 청·차장 주재 민원회의도 총 4회뿐이었던 사실이 드러났다. 또한 나라장터시스템 및 콜센터 운영을 통해 접수되는 기업·공공기관·국민의 정부조달 관련 불편사항을 근원적으로 해결하려는 노력도 미흡한 것으로 나타났다.

콜센터에서는 연간 60만 건의 상담 및 민원처리 업무를 수행해 왔으나, 해당 사항의 신속하고 친절한 해결에 중점을 두고 처리하는 수준에 그치고 있어 최근에는 각급 공공기관, 특히 지자체들이 제기하고 있는 자체 조달에 대한 불편사항과 불합리한 제도 및 관행에 대한 개선요구의 대응책 마련이 시급했다.

4단계 민원/제도개선 시스템 탄생

그간의 문제점들을 해결하고 적극적인 개선을 통해 좀더 나은 고객서비스를 실현하고자 구성된 운영개선 방안은 총 4건으로 축약됐다.

① e-정부 조달 모니터단

첫째, 국민 불편을 상시 모니터링하는 내·외부 모니터단의 제대로 된 운영이 시급했다. 이미 2004년도 온라인 민원인 및 제안자 중 조달행정에 관심이 높은 공공기관 및 조달업체 직원 220명으로 모니터단을 구성했으나 토론이 활성화되지 못하고 활동 실적이 저조했다.

이를 개선하기 위해 구성된 것이 민간 중심의 'e-정부 조달 모니터단'이다. 이는 조달업무 현장경험이 있는 자발적 참여자(공공기관·조달

기업 · 일반 국민으로 구성)를 대상으로 구성됐다. 이 외에도 일선 직원 중심의 '제도개선과제 발굴 모니터단'의 운영도 내실화해 각 본부 및 지방청별로 실무경험이 많고 혁신 마인드가 강한 직원을 중심으로 고객의견을 전담해서 모니터링하는 요원을 지정해서 강력하게 운영하기로 했다.

또한 외부모니터단 제안 내용이 개선과제로 채택될 경우, 그에 대해 감사편지를 전달하고 개선내용 인터넷 공개, 우리 청 주관 각종 설명회 · 전시회 · 워크숍 초청, 그리고 우수 활동자에게는 문화상품권을 지급키로 했다. 내부 모니터단의 경우에는 과제발굴 실적을 개인 및 부서 평가에 반영함으로써 구성원 개개인의 자발적인 개선 노력을 이끌어내기로 했다.

② 민원/제도개선 실무검토회의

둘째, '현장 해결형 민원/제도개선 실무검토회의'를 운영하기로 했다. 이는 기존의 콜센터 상담 및 민원처리 과정에서 드러난 고객불편을 개선과제로 발굴하고, 이의 신속한 해결방안 마련을 위해 팀제 운영 방식을 도입하고, 구성원들의 참여도를 높이기 위해 인센티브를 부여키로 했다. 그 결과 2005년 12월까지 개선과제 총 354건을 발굴해 실무검토회의의 의제로 상정되기도 했다. 그리고 발굴된 과제를 신속하게 실행하기 위해 매월 예산집행회의(정책홍보본부장 · 전자조달본부장 공동 주재)를 개최하여 투자 우선순위를 결정키로 합의했다.

또한 고객지원센터와 정보관리부서 · 전략마케팅팀 간 협의를 통해 해결할 수 없는 과제는 '민원/제도개선 실무회의(전자조달본부장 주재)'에 상정하여 해결책을 모색키로 했다.

③ 민원/제도개선 협의회

셋째, 그 동안은 조달업무평가위원회가 민원/제도개선 협의회 업무를 겸해 왔으나, 최근 정부 평가업무의 대폭 증가로 심도 있는 검토에 어려움이 발생함에 따라 고객의 입장에서 해결책을 모색하는 '2005년도 민원/제도개선 협의회'를 구성, 운영키로 했다.

이의 인적 구성은 조달업무 전문지식을 갖춘 학계, 시민단체, 변호사 등 민간전문가(10명)를 우선 중심으로 신규 구성하고, 차장과 민간위원장이 공동주재토록 했다. 이들의 활동 내용은 주요 고충민원·제안으로부터 제도개선과제 발굴 및 이행방안을 논의해 민원인 입장에서 근원적 해결책을 제시하는 것이다.

협의회 운영의 활성화를 위해 먼저 협의회에 실질적인 민원/제도개선 주체로서의 역할을 부여하기로 했다. 이를 위해서는 과제 관련 본부 과장, 해당 분야 제도개선과제 발굴모니터단, 청내 변호사 등이 과제내용 설명 및 토의에 참석하여 과제 실행력 제고에 협조키로 했다.

그간 계약심사협의회 안건으로 상정 심의하던 사항 중 민원 관련 사항은 민원/제도개선 협의회 심의로 이관, 민원인 입장에서 해결책 모색을 강화키로 했다. 즉 민원인이 처리결과에 만족하지 않고 재심사 청구하는 경우, 차장 주재 분쟁조정심의회에 회부 조정심의토록 하여 민원인의 권익보호를 강화한 것이다.

- **계약심사협의회** : 부정당업자 제재, 세부기준 등의 제·개정, 계약방법 결정 등 청 내부 주요 사항 심의

④ 민원해소 대책회의

넷째, 그 동안 기관장이 국민의 목소리를 직접 듣고 해결방안을 제시하기 위해, 청장 주재 민원해소대책회의를 운영해 왔으나 이의 운영이 미흡하여 활성화되지 못해왔던 것에 착안, 기관장이 직접 나서기로 했다.

이는 현재 운영하고 있는 각종 위원회 위원을 대상으로 외부전문가 풀을 구성, 이들을 직업별·소속단체별·전문분야별로 나누고 해당 안건에 적합한 인사를 선정해 회의에 참여키로 했다. 이 회의에는 기관장, 민원인, 외부 전문가, 해당 본부·지방청장 및 소관 팀장이 참석하여 주요 고충민원에 대한 해결방안을 강구하고 제도개선 필요사항을 개선과제로 관리키로 함으로써 객관성 및 수용성을 제고했다.

- 총 제도개선과제 발굴 실적 : 2004년 75건 → 2005년 12월 354건(372% ↑)
- 외부 참여를 통한 제도개선과제 발굴비율 : 2004년 18.7% → 2005년 12월 30.4% 로 증가

다른 한편으로는 정부조달 관련 대표적 갈등 분야인 조합 및 보훈복지단체 간 물량배정 업무를 민원 관련 회의에서 객관적으로 조정함으로써 수용성 제고의 효과를 보았다. 즉 민원/제도개선 협의회에서 총 31건의 계약방법 및 물량배정 기준을 조정하고, 청장 주재 민원해소대책회의에서 집단민원을 즉시 해결하는 등의 성과를 보였다.

고객센터는 국민참여형 혁신의 산실

이같이 참여형 민원/제도개선 시스템이 정착될 수 있었던 것은,

첫째, 기관장의 확고한 의지가 있었기 때문이다. 조달청은 2005년 조직운영의 목표를 '일 잘하고 신뢰받는 기업형 정부서비스 기관'으로 정하고, 기관장이 직접 민원기능을 활용하여 국민참여형 혁신을 추진해 나가겠다는 의지를 표명함으로써 조직원들의 협조를 이끌어낼 수 있었다.

둘째, 최근 5년 연속 정부혁신 우수기관으로 선정될 정도로 각 구성원들에게 혁신 마인드가 갖추어져 있어, 조달제도 절차 관행을 공급자 중심이 아닌 수요자 중심으로 적극 개선해 나가려는 문화가 성숙된 점을 꼽을 수 있다.

셋째, 나라장터시스템을 운영하는 중앙조달기관으로서 유리한 여건이 성공 요인으로 분석됐다. 최근 공공기관 및 조달기업들이 일상적으로 부딪히는 조달 관련 불편사항을 조달청 콜센터에 주로 의존하게 되어 연간 60만 건 이상의 조달 관련 애로사항의 해결을 지원할 수 있었다. 이를 통해 접수되는 고객의 소리를 상시 진단·분석하고, 조달정책·제도·절차 혁신에 지속적으로 반영할 수 있었다.

넷째, 국민 불편을 해소해 나가는 민원담당 공무원들의 노력을 꼽을 수 있다. 고객지원센터가 '고객 이익 옹호기관'으로서 개선과제를 주도적으로 개발하고 이를 주간 고객만족회의, 민원/제도개선 협의회 등 다양한 형태의 맞춤형 민원회의에 상정하여 처리하는 등 일사분란한 움직임을 보여주었다. 이러한 공무원들의 헌신적인 자세가 없었다면 성공은 불가능한 일이었을 것이다.

마지막으로 외부 공공기관들이 우리 청에 벤치마킹을 위한 시사점을

던져준 것을 꼽을 수 있다. 예를 들어, 2005년 5월 전국 민원/제도개선 담당 공무원 워크숍에서 많은 공공기관들이 현행 민원/제도개선 시스템이 너무 복잡하고 형식적으로 운영되고 있다며 불만을 제기했다. 이를 토대로 4단계 민원/제도개선 시스템을 민원 유형에 맞게 효과적으로 운영한 결과, 국민들의 고충민원이 신속하고 근원적으로 해결되는 성과를 거둘 수 있었다. 또한 이를 성과평가 및 인센티브제와 연계한 결과 연간 개선과제를 354건 발굴할 정도로 고객지원센터가 혁신의 산실로 자리매김하게 되었다.

정말, 세금 낸 보람 있네!
고객만족도 향상을 위한 건설교통부의 다양한 노력

중간 소식을 받고 저녁을 먹으면서 얘기했더니 가족들이 너무나 좋아 했고, 제일 고마워하는 사람은 와이프! 하는 말이 '세금 낸 보람 있네…' 였습니다. 제게는 너무나 감동적이라서 회사의 동료들에게 열심히 알리고 있습니다. 나라가 하는 일과 공직자들의 자세를 생각해 보는 아침입니다.

문제 제기, 원하지 않는 1등

민원적인 시각으로 건설교통부를 바라보면 가장 민원이 많은 부서다. 법정 민원사무 1위(529종), 민원량 1위(중앙부처 전체 민원의 23.1%), 건축허가와 같은 규제업무 1위, 아파트 내 공동생활 분쟁처럼 어느 편도 들기 어려운 고충민원 1위, 도심재개발과 같이 고려할 요소가 많은 복합민원 1위, 모든 것이 1위다. 정말이지 고객만족도를 제외하고 모든 부문에서 월등한 1등 부처가 바로 건설교통부다.

인터넷 보급과 교육 수준 향상으로 민원 대상도 전통적 의미의 개인적

민원에 한정되지 않는다. 과거에는 "나라에서 하는 일인데…" 하고 조용히 넘어가던 부동산정책, 신행정수도 건설 등에 대한 쟁점까지 폭넓게 제기되고 있다. 더 나아가 법령이나 규정의 개정까지 민원을 통해 주장되고 있다.

민원량의 급격한 증가는 처리기간 지연, 불충분 회신, 정책업무 축소 등으로 나타나 민원을 제기한 국민의 입장에서 보면 공무원들이 '철밥통'이라서 국민은 죽어나가는데, 정부는 국민의 불만에 귀를 기울이지 않는다는 불신마저 조장하게 되었다. 민원량의 증가와 그로 인한 각종 부작용이 노출되면서 민원의 원인, 주요 내용, 해결 방법이 있는지 등에 대해 진지한 고민을 하게 되었다.

일단, 시작해 보자

1999년은 한 세기의 마지막과 함께 민원행정에 있어 중요한 의미를 갖는 새로운 국면이 시작된 전환점의 해다. 정보화 사회의 개념이 민원업무에도 적용되어 '인터넷 민원'이라는 새로운 민원 방식이 도입된 것이다. 인터넷 민원은 쉬운 접근성, IMF 후의 사회 변화, 소득 수준 향상, 2003년 참여정부의 '국민과 함께 하는 민주주의'란 국정 목표와 함께 매년 큰 폭으로 증가하여 단기간에 민원업무를 통제하기 어려운 거대한 공룡으로 만들고 말았다.

아침에 출근하여 PC를 켜보면 간밤에 내린 하얀 눈처럼 수북히 쌓인 민원을 바라보며 한숨 짓는 공무원이 태반이었다. 한번 보내면 함흥차사, 오랜 기다림 끝에 받아보면 무슨 내용인지 모르겠다고 항의하는 민원인, 전화가 불통이라고 울분을 터트리는 민원인 등등. 이렇게 모든 일이 불만족스럽게 누적되어 민원 건당 소요일은 16.2일, 민원만족도는 57.1이었다. 이 점수가 2003년 말 건설교통부의 민원성적표였다.

이제 민원업무는 과거의 부수적이고 소극적인 업무가 아니라 국민에 대한 정부의 행정서비스로 적극 임해야 할 주요 업무가 된 것이다.

이러한 변화된 환경에 맞추어 우리가 제일 먼저 시도한 것은 홈페이지 개편이었다. 전자민원창구를 보완해 주요 업무별로 13개 접수창구를 두어 분류 시간을 줄이고, 형식적으로 운영해 왔던 FAQ를 삭제·수정·추가하여 2,297여 건으로 늘렸다. 민원처리 상황을 민원인이 쉽게 알 수 있도록 SMS와 이메일 기능도 추가했다.

2003년 말 화성 씨랜드 화재, 인천호프집 화재 등으로 건축 관련 법규가 신설·강화되자 1만 건이 넘는 민원이 집중되었을 때 '건축민원전담반(5명)'을 구성하여 전화상담과 민원회신을 했는데, 이는 향후 민원서비스반의 형태로 개선·발전했다.

나아가 민원의 신속한 처리를 위해 민원일일점검제 실시 및 부서별 민원 담당자를 지정하고, 종합적인 민원관리를 위해 기존 서면민원대장을 전자화하여 접수된 모든 민원의 처리 상황을 한눈에 알 수 있도록 실시간 관리시스템을 구축했다.

이와 함께 홈페이지 전자민원창구에 만족도 조사 기능을 두어 이를 분기별로 분석·평가하여 각 부서에 통보함으로써 민원담당자가 민원인들의 반응을 알 수 있도록 했다.

희망의 싹, 해보니 되네

민원에 대한 관리를 강화하고, 각종 시스템이 하나둘 보완되면서 통계수치가 서서히 긍정적으로 바뀌고 있었다. 2003년 말 민원 1건당 평균 소요일이 16.2일이던 것이 차차 줄어 2004. 12월에는 5일로 크게 단축되었다. 이러한 변화에 고무되어 그 동안 수동적이고 방어적으로 접근해 오던 민원을 민원유형별, 내용별, 원인별로 분석하여 단순회신, 제도개선, 법령개정으로 나누어 근본적으로 민원을 줄이는 방법도 함께 모색하게 되었다.

1년에 한 번 평가하는 민원만족도 조사가 인터넷 민원에 대한 분기별 조사 · 평가가 이루어지면서 담당자들이 회신민원에 대한 민원인들의 반응을 의식, 민원회신의 내용에도 신경을 쓰기 시작했다. 형식적인 답변이 아닌 민원내용의 요점이 무엇인지, 민원인이 원하는 바가 무엇인지를 알고 충실한 답변을 하게 된 것이다.

전자민원창구의 내용이 충실해지면서 민원인들의 불만 글이 줄고 반대로 감사의 글이 많아졌다. 감사의 글은 CT-Net에 바로 게재하여 직원들이 볼 수 있게 했고, 불만사항은 사례별로 묶어 같은 내용이 반복되지 않도록 조치했다.

2004년 말 국무조정실의 부처별 고객만족도 평가 결과, 만족지수가 전년도의 57.1점에서 60.6으로 3.5점이 올랐다. 민원만족도 만년 꼴찌부처라는 오명을 벗고 마침내 중앙부처 중 13위로 올라서게 된 것이다. 지금도 그때의 기쁨을 잊을 수 없다.

아픔, 우리가 그렇지 뭐…

아마도 '민원' 하면 공무원들이 가장 힘들어하고 기피하는 업무 중 하나일 것이다. 출근하자마자 민원실로부터 지연처리가 몇 건, 처리임박 몇 건 등의 연락을 받고, 감사원이나 자체 민원조사에 불려다니고, 민원이 많을수록 주의·경고 등 신분상 불이익을 받고, 내방 민원인 상담 또는 전화상담으로 낮 시간을 다 보내고, 야간이나 주말에 출근하여 민원을 처리하는 일이 다반사이기 때문에 가정에서도 따돌림을 받기 십상이다. 사정을 이해 못하는 아내는 "당신 바람난 거 아냐?"라고 핀잔을 준다.

2005년은 연초부터 공인중개사 시험, 판교 신도시, 임대아파트 부도, 부동산가격 급등으로 민원이 쏟아지기 시작하여 마침내 과천종합청사가 민원인들에게 점거되는 일이 일어났고 과천경찰서장과 안양경찰서장이 직위해제 되는 초유의 사태를 겪었다.

2003년 평균 처리기간이 16.2일에서 2004년 말 5일로 줄었지만 2005년에는 4.8일에서 정체되면서 좀처럼 나아지지 않고, 법정 처리기간인 7일을 넘는 민원 건수가 30%대에서 줄어들 기미를 보이지 않았다. 이러한 이면에는 좀처럼 줄지 않고 쏟아져 들어오는 민원이 있는데, 이는 신행정수도, 재개발·재건축, 공공기관 지방이전 추진, 부동산 안정대책, 발코니 증·개축 허용 등 주요 신규 정책의 발표와 함께 계속되었다.

눈앞의 문제해결에만 급급한 상태에서 민원량의 증가는 민원담당 공무원들을 지치게 할 뿐 단순한 독촉, 징계, 친절 교육만 갖고는 나아질 수 없는 구조적 한계를 드러내고 있었다. "우리 부는 어쩔 수 없어…"라는 이전의 절망감이 다시 엄습했다. 쉴새없이 민원처리에 내몰리는 민원담당 공무원들, "내 민원 어찌 됐어요?" 하는 민원인들의 아우성, 우리가 작은 결과에 만족하는 사이 민원인들의 바람은 한층 더 커져만 가고 있었다.

바꾸자, 이젠 혁신이다

민원시스템 개선과 고객만족도 향상을 위해 나름대로 노력을 기울이면서 장·차관을 비롯한 모든 직원이 내린 결론은 이대로는 안 된다는 것이었다. 민원시스템에 혁신적 변화를 주지 않고는, 통제하기 어렵게 밀려드는 민원량을 줄이지 않고는, 답이 없다는 결론이 나왔다.

이러한 인식 공유와 함께 2005년 6월 4일, 전직원이 참가한 혁신연찬회에서 민원만족도 향상 방안의 하나로 채택된 것이 '민원 happy-call 제도'다. 이 제도는 사기업에서는 활성화되어 있지만 정부에서는 2000년부터 일부 부처에서 도입했으나, 여러 가지 한계로 인해 지지부진하게 운영되던 제도다. 그러나 민원의 사후관리(A/S)가 꼭 필요하다고 의견이 모아져 우리 부 실정에 맞도록 보완을 거쳐 운영방안을 수립하게 되었다.

한편 우리부 조직의 팀제 전환에 맞추어 민원조직의 개편을 추진하여 감사관실 소속에서 차관 직속으로 위상을 높이고 '민원실'이란 명칭을 '고객만족센터'로 바꾸었다.

고객만족센터에는 6개 민원서비스반을 추가하고, 기존 민원실을 확장·개선하여 내방 민원인의 편의를 위해 민원후견인제도 도입했다.

민원서비스반 운영은 정부부처에는 없는 독특한 제도다. 이는 건축민원 전담반의 운영 성과에 주목하여 도입한 것으로 내방 민원인·전화 상담, 민원회신 등을 종합 처리하면서 그 과정에서 얻은 각종 통계수치와 도출된 문제점을 모아 정책업무로 환류시키는 역할을 수행할 것으로 기대하고 있다.

열매, 달콤한 이 맛!

민원시스템 정비, 유래가 없는 6개 민원서비스반의 운영과 민원 happy-call, '한마디 더 코너'를 통한 민원 A/S, 민원후견인제 운영, FAQ 확대 등 지난 2년 동안 기울인 노력의 성과는 기대 이상이었다.

첫번째 성과는 민원 전담률이다. 2005년 9월 민원서비스반 구성 이후 전체 민원의 60%를 전담 처리하고 내방 민원인과 전화에 대한 상담을 하고 있는데, 이는 단순히 민원의 전담 처리라는 의도를 넘어 향후 전문적이고 체계적인 민원 관리를 위한 중요한 단서를 발견한 것이다.

둘째, 2003년 말 16.2일이던 평균 처리기간이 지난해 4.8일로 크게 단축된 것이다. 2003년과 비교시 민원량이 22.6%가 증가(76,455→93,705건)했음에도 이처럼 처리기간이 크게 단축된 것은 민원서비스반과 같은 전담반 운영과 민원 과정을 통해 국민들에게 더 다가가고자 하는 마음이 모두에게 공유되고 있었기에 가능한 결과다.

셋째, 사전 홍보와 FAQ 확대를 통해 매년 20% 정도씩 증가해 오던 민원량이 처음으로 감소했다. 향후 민원량 감소정책을 꾸준히 추진하고 민원 품질을 고급화하는 데 주력할 계획이다.

넷째, 2004년, 2005년 연속 고객만족도 향상이다. 2003년 57.1점에서 60.6점, 62.4점으로 향상되어 중앙부처 중 12위가 되었다.

이러한 통계적 수치와 드러난 현상 외에도 민원 happy-call을 통한 21건의 민원인제안 발굴, 항공 분야의 맞춤형 서비스, 국도유지사무소의 찾아가는 민원서비스 등 업무와 기관 특성에 맞는 고객편의 증진 시도 결과 많은 성과를 거두었다. 그리고 이에 대한 칭찬의 글도 홈페이지에 많이 게시되고 있다.

또 다른 시작

이러한 고객만족센터, happy-call, 민원후견인제 등의 시행으로 얻은 성과와 함께 우리가 새롭게 추진하고 있는 것은 민원 감소, 민원 콜센터 구축, 고객만족도 향상 방안 마련이다.

우리 부 민원의 약 80%가 새로운 정책 시행과 법령 개정으로 인한 질의임에 주목, 민원인이 자주 질의하는 주제에 대한 답변을 홈페이지 FAQ에 싣고, 5% 수준으로 확대하는 작업을 추진하고 있다.

앞으로도 우리 부의 민원행정은 1등 부서로 거듭나기 위해 지혜를 모으고 고객 중심 서비스를 실천해 나갈 것이다. 아울러 모든 민원인의 아픔과 즐거움을 함께 나눌 수 있는 기관으로 만들어나갈 것이다.

PART 4

명사 칼럼

고객만족 혁신 - 행정이 서비스로 바뀌는 변화

김영규 중앙인사위원회 인사정보심의관

정부 혁신에 참여하면서 유독 고객만족 분야에 관심이 많은 편이다. 정부에 오기 전 민간기업에서 10년 이상을 이 분야에 대해 고민도 하고 실천도 한 경험이 있어서 때문일 것이다.

정부의 각 부처 평가에 고객만족이 적잖은 비중을 차지하고 있어 필자가 속한 중앙인사위원회도 고객만족을 위한 혁신에 열심이다. 고객만족팀을 매트릭스 조직으로 만들고, 인터넷 민원 처리시한을 엄격히 관리하고, 국가시험 수험생을 위하여 답안지에 신상정보를 인쇄하는 등의 프로세스를 개선하고, 고객의 입장에서 문제를 해결한다. 그럼에도 연말 부처 평가에서 최상위 등위 안에 들지 못하는 것은 다른 부처들이 얼마나 치열하게 고객만족 행정, 아니 고객만족 경영을 하는지 짐작케 한다.

이번에 행정자치부에서 발굴한 고객만족 행정사례를 살펴보면서 우리 정부의 혁신 노력이 이제 고객 중심의 '프로세스 이노베이션' 단계에 이르렀다는 것을 새삼 확인할 수 있었다.

대전지방국세청은 고객의 학원사업등록을 위해 다른 기관인 교육위원회 업무까지 통합한 원스톱 행정을 선보였고, 출입국관리소는 고객을 세분화하여 국내 체류 외국인을 대상으로 별도의 상담센터를 운영하여 고객의 대기시간을 단축하고자 심혈을 쏟고 있었다.

인천공항의 세관업무 처리 수준이 세계일류라는 것은 출장이 잦은 여행객은 출입국 때마다 느끼는 일이며, 동사무소에서도 대학교 성적증명서를 뗄 수 있다는 것은 옛날 행정을 생각하면 신기하기까지 한 일이다. 혁신에 매진하고 있는 공무원들의 열정을 치하하고 격려해야 할 일이다.

많은 고객만족 행정사례가 결코 일류 기업의 혁신 작업에 뒤지지 않는다고 확신한다. 앞으로 남은 과제는 이 같은 혁신 성공사례를 다른 부처와 기관에도 확산, 정착시키는 일일 것이다. 안타까운 일은 종종 언론에서 '공직 사회의 혁신 피로' 운운 하면서 혁신과정에 대한 공무원들의 불만을 마치 혁신의 본질적 문제인 것처럼 기사화해서 맥 풀리게 하는 경우다. 세상에 저항 없는 혁신이 있는가 ?

납세자인 국민을 위한다면 혁신 성공사례를 널리 알리고 혁신을 촉진하는 것이 당연한 것 같은데, 혁신의 부분적 불만을 크게 보도하면서 혁신의 성공을 걱정하는 듯한 보도는 이해가 되지 않는다. 공무원이 국민을 위해 바뀌기를 진심으로 원한다면 혁신이 미진한 부분을 조명해서 더욱 분발토록 해줄 것을 부탁하고 싶다.

고객만족 행정이 더욱 발전하기 위해서는 국민의 적극적인 고객 역할도 중요하다. 피터 드러커는 슈퍼마켓 고객이 물건을 사줄 뿐 아니라, 요일별 구매취향 등 소중한 고객정보를 남겨주어서 미래의 사업전략을 수립케 해주는 고마운 존재라는 것을 일깨워주었다.

까다로운 한국 고객의 피드백이 세계일류 IT 기술과 기업을 만들어냈듯이 행정서비스에 대해서도 활발하고도 건설적인 피드백을 제공한다면 세계일류 행정서비스를 누리게 되는 날이 훨씬 앞당겨질 것이다.

CS행정에 바란다

황선옥 (사)소비자문제시민모임 이사

NGO 대표로서 CS행정에 바라는 글을 쓰려고 하니 부담감부터 앞서는 것은 왜일까? 소비자 시민모임에서 13여 년을 활동해 오면서 행정 소비자로서 느꼈던 다소 비판적인 글이 되지 않을까 하는 우려와, NGO 입장에서 CS행정의 참다운 발전과 혁신에 도움이 되는 글을 써야 한다는 책임감 때문일 것이다.

'고객은 왕이다', '고객감동', '고객황홀', '고객이 OK할 때까지', '고객이 옳습니다' 등 고객만족과 관련해서는 이익을 창출하기 위한 하나의 판매 수단으로 기업에서 더 많이 이용되어 왔다. 그러나 21세기에 들어서며 기업은 물론 정부까지 고객만족 경영을 전략적 과제로 삼고 있다.

정부는 2006년도 행정의 최대 목표를 고객만족 행정서비스로 정하고, 우리나라의 기본적인 행정체계는 국민을 위하는 것이라면서 행정혁신을 위해 노력하고 있다. 이의 일환으로 정부에서는 3S운동(Smile, Speed, Satisfaction)을 전개하기도 하고, 고객 관리를 위한 문자메시지를 전송하며, 고객에게 희망과 감동을 주는 고객응대 화법기술과 호감을 갖게 하는 이미지 메이킹을 교육하기도 한다. 또한 고객만족도 평가를 활용해 CS행정의 서비스 수준을 높여가고 있다. 개인적으로 정부의 CS행정에 바라는 점을 소비자 입장에서 다음과 같이 제시하고자 한다.

첫째, 정부의 고객은 곧 행정소비자이이며, 소비자에게는 8대 권리(① 안전할 권리 ② 정보를 제공받을 권리 ③ 선택할 권리 ④ 의사가 반영될 권리 ⑤ 보상을 받을 권리 ⑥ 교육을 받을 권리 ⑦ 쾌적한 환경에 살 권리 ⑧ 조직할 권리)가 있다. 고객만족 행정 속에 먼저 이들 권리가 수용되어야 한다는 것을 인식해야 한다.

둘째, 고객인 국민에게 고품질의 행정서비스를 능률적으로 제공해야 한다. 과거처럼 행정서비스의 독점적 제공 그 자체만으로는 국민들에게 인정받지 못한다. 고객은 친절하고 정중하며 신속한 서비스를 함께 원한다. 또한 선택의 폭이 넓으면서 양질의 서비스가 제공되길 바라고 있다. 고객이 할 수 있는 부분을 친절하게 가르쳐 주어야 한다.

셋째, 국민을 존중하는 인본주의 정신이 행정 현장에서 구현되어야 한다. 고객은 단순한 행정서비스의 소비자나 통치관리 대상이 아니라, 행정서비스의 수혜자이며 국가 행정의 주체라는 인식을 가져야 한다. 우리나라의 행정조직 및 인력구조, 권한구조, 대민행정, 사무 관리규정 등 대부분이 관(官) 중심적이고 통제 지향적이다. 따라서 국민이 부담하게 되는 시간적·경제적·정신적 손실이 많다. 국민의 편의를 최우선 할 수 있는 발상의 전환이 필요하다.

넷째, 고객(국민)이 참여하는 행정이 강화되어야 한다. 고객과 함께 하는 토론회나 의견수렴 창구, 고객만족 자문위원회와 고객만족 전담부서 등을 마련, 고객의 소리를 통해 고객이 원하고 만족하는 행정을 실천해 나가야 한다. 좀더 적극적이라면 소비자단체나 고객 속에 직접 찾아가 행정업무처리의 불만사례 등을 연구하는 것도 CS행정의 지름길이 될 것이다. 고객만족의 평가를 정기적으로 시행하는 것도 좋은 방법이다.

　다섯째, 행정처리 담당자의 업무처리 태도가 공정하고 투명해야 한다. 7년 전 명예감시원으로 공무원과 합동으로 식품단속을 나간 적이 있다. 업주가 돈 봉투를 내밀었으나 받지 않았다. 그 공무원은 돈 봉투 속의 금액을 짐작하고 있었다. 얼마나 공공연히 관행으로 이루어져온 일인지 알 수가 있다. 그러나 명예감시원과 합동단속이 되면서 이러한 관행이 없어졌다. 행정부서에도 이러한 명예 행정공무원이 함께 근무하는 정기적인 활동이 있다면 훨씬 투명해질 수 있을 것이다.

　여섯째, 업무처리 과정이 쉽고 간편해야 한다. 남녀노소 학력고하를 불문하고 글을 알면 처리할 수 있는 과정으로 업무가 개선되어야 한다. 대서소에 가지 않더라도 고객이 처리할 수 있어야 한다.

　일곱째, 민원 안내와 접근이 용이하도록 관리되어야 한다. 먼저 찾아가는 친절하고 전문적인 안내가 필요하다. 예를 들면, 소액심판 민사소송이나 미국비자 신청 등의 일이 변호사나 여행사를 찾지 않고도 이루어질 수 있도록 전문 안내인을 배치하는 방법이 요구된다.

　여덟째, 민원부서의 환경은 쾌적해야 하고 편의시설이 갖추어져야 한다. 행정 처리를 위해 찾아온 고객이 즐겁고 편안한 마음으로 기다릴 수 있도록 주변 환경을 아름답게 가꿀 필요가 있다. 이렇게 CS행정의 필수성을 여러 가지 나열했지만, NGO에서 일하고 있는 사람으로서 공정하고 투명한 업무처리가 CS행정의 가장 핵심이라고 생각한다. 공정하고 투명하게 일이 처리된다면 시간이 좀 걸리거나 불친절하더라도 고객은 감동할 것이다. 아는 사람이 없어도 정당한 절차에 따라 공정하게 처리되는 행정서비스가 중요하다. 여기에다 민원인을 마치 백화점 VIP고객처럼 대하는 서비스 마인드가 갖추어져 있다면 행정서비스를 통해 정부를 이해하는 인식의 폭이 커질 것이며, 그야말로 행복한 국민이 될 수 있을 것 같다.

고객만족 경영의 개념, 역사, 추진 현황

이광주 단국대학교 상경대학 교수

1. 고객만족 경영의 개념

고객만족을 설명하는 이론 중에서는 '고객이 구매 전에 갖는 기대와 구매 후 제품이나 서비스를 사용하면서 느끼는 성과와의 비교 평가 결과 나타나는 감정 상태'로 정의하는 기대불일치이론이 가장 광범위하게 지지를 얻고 있다. 고객은 구매를 하기 전에 제품이나 서비스에 대해 일정 수준의 기대를 가지며, 구매 후 실제로 제품이나 서비스를 사용하면서 느끼게 되는 성과와 비교하여 기대와 일치하거나 기대보다 좋으면 만족, 미치지 못하면 불만족을 느낀다는 이론이다. 최근에는 기대보다 성과가 높은 경우를 별도로 분류하여 매우 큰 만족(delight)으로 정의하기도 한다.

고객만족 경영은 제품과 서비스로 고객에게 만족을 주기 위해 만족도를 정기적으로 측정하고, 그 결과에 따라서 제품과 서비스, 경영시스템, 사내 풍토 등을 조직적·지속적으로 개선해 가는 것을 중심 과제로 하는 경영방식을 뜻한다.

고객만족 운동의 물결은 미국, 유럽, 일본의 기업을 중심으로 빠르게 확산되었고, 우리나라 기업도 이를 받아들여 현재 많은 기업이 기업경영의 비전과 정책에 반영하고 있는 실정이다. 고객만족 경영이 확산되면서 고객의 개념도 확장되어 제품이나 서비스를 구매하는 종전의 고객은 외부고객으로 분류하고, 내부구성원도 내부고객으로 분류하여 내부고객 만족을 외부고객 만족에 앞서 실천할 과제로 생각한다.

고객만족, 불만족 및 그 결과로 나타나는 불평행동은 현대 마케팅 실무자들의 중심적인 관심사일 뿐 아니라, 소비자 복지를 담당하는 정부기관 및 소비자 운동가들의 관심사이기도 하다. 이 문제는 선진국에서부터 관심을 얻기 시작했는데, 국가가 풍요사회로 발전함에 따라 시장에서의 세력 균형이 소비자에 유리한 방향으로 전환되었기 때문이기도 하다. 이외에도 고객만족에 대한 관심이 증가한 배경으로 다음과 같은 변화를 지적할 수 있다.

1) 구매 후 고객 반응의 중요성에 대한 인식

구매 후 고객의 만족·불만족에 따라서 재구매 여부가 결정되고 입소문의 영향력 때문에 구매 후 만족 여부와 반응이 매우 중요하다는 인식이 확산되었다. 구매 고객 중에서 만족한 고객보다는 불만족을 느낀 고객이 몇 배나 많은 사람들에게 자신의 경험을 전파하는데, 이것이 시장에서 제품의 평가를 악화시키는 데 큰 역할을 한다는 사실에 기업들이 주목하기 시작한 것이다.

2) 시장에서의 경쟁의 변화

경쟁이 치열해지면서 제품이나 하드웨어 면에서의 우위를 유지하기가 어려워진 것도 고객만족에 관심을 증가시킨 원인이 되었다. 제조업의 제

품 품질이나 서비스업의 설비 면에서 경쟁자의 모방으로 더 이상 경쟁우
위를 오랜 기간 유지하기가 힘들어진 기업들이 소프트웨어(사전·사후 서
비스, 배달, 설치, 사용교육, 보증, 고객응대)에 관심을 집중하기 시작한 것이
다. 소프트웨어 측면에는 아직도 개선의 여지가 많이 남아 있어 이 부문
에서 경쟁우위를 차지하려는 노력은 앞으로도 지속될 것이다. 특히 고객
의 범위가 외부고객에서 내부 및 중간고객으로 확대됨에 따라서 고객만
족 경영의 내용도 질적·양적으로 많은 변화를 보이고 있다.

3) 고객의 변화

분권화·다양화 사회가 됨에 따라 각종 단체가 제몫을 하게 되었으며,
그 구성원들의 주권의식도 발전하고 있다. 불만이 있으면 망설이지 않고
온라인·오프라인을 통해 불만을 밝히고 있으며 참으려 하지 않는다. 개
성과 라이프스타일 면에서도 타인과 차별화를 원하며 천편일률적이고
몰개성적인 제품과 서비스를 기피한다. 또한 소비자의 취향과 선호하는
스타일이 빠르게 바뀌고 인터넷의 영향으로 글로벌 트렌드가 소비를 이
끄는 경향도 나타나고 있다. 이와 같이 변화가 심하고 주권의식이 강한
고객을 만족시키기 위해서는 공급자 관점에서 벗어나 고객의 관점에서
고객만족 경영 시스템을 구축해야 한다. 이런 시도야말로 기업의 생존에
필수적인 과업이 되었다.

4) IT 기술의 발달

컴퓨터 및 정보기술의 발달로 고객서비스가 향상되고 고객정보 관리가
획기적으로 개선되었다. 정보통신 기술의 눈부신 발달은 고객서비스의
질을 대폭 향상시켰으며, 이러한 경향은 영리기업의 고객서비스뿐 아니

라 각종 비영리단체의 업무와 정부 기관의 대민 서비스의 질적 향상에도 결정적인 영향을 미쳤다. 또한 방대한 고객정보 보유능력과 정보처리 능력을 바탕으로 맞춤 서비스가 가능해져 기업의 고객관계 관리(CRM)의 발전을 가져왔다.

2. 고객만족 경영의 역사

미국의 제너럴 일렉트릭(GE)사가 1962년에 고객상담실을 만들고 고객의 불만과 문의사항을 전화로 접수한 데서 고객만족 경영의 유래를 찾는 주장이 있다. 물론 그전에도 고객만족 정신을 바탕으로 경영활동을 전개한 기업이 있었겠지만, 정식으로 고객의 소리(VOC)를 청취하기 위한 조직과 제도를 두었다는 데 큰 의미를 둔 것이다.

그러나 고객상담실 설치를 고객만족 경영 도입으로 보는 시각엔 무리가 있다고 생각한다. 진정한 고객만족 경영은 어느 한 부서만의 일이 아니라, 회사 전체적인 관점에서 고객만족을 추구하는 시스템을 갖추어야 한다. 이런 시각에서 보면 스칸디나비아 항공(SAS)이 본격적인 고객만족 경영을 최초로 도입한 기업이라는 주장이 타당성을 인정받고 있다. 1980년에 이 회사의 사장인 얀칼슨이 '진실의 순간(Moment of Truth : MOT)'이라는 개념을 경영에 도입하여 실시한 결과 1년 동안 20억 달러의 매출실적을 올리고 연간 800만 달러의 적자기업을 7,100만 달러의 흑자기업으로 전환시킨 것에서 진정한 유래를 찾는 주장이 설득력이 있다. 스칸디나비아 항공은 고객과의 접점을 집중적으로 개선했으며 기업 내부 시스템을 고객만족 관점에서 개선했으므로 진정한 고객만족 경영의 시작이었다고 보더라도 무리가 없을 것이다. '진실의 순간' 또는 '결정적 순간'이란 고객과의 접점에 있는 현장 직원 서비스의 중요성을 강조하기 위한 표현인데, 이 고객접점에서 고객의 불만을 초래하면 불만고객의 91%가 이탈한다고 한다.

미국에서 고객만족 경영이 관심을 모으기 시작한 것은 1970년대 중반부터였다. 제이 디파워(J. D. Power)사가 고객만족을 자동차 기업의 평가에 중요한 요소로 사용한 이후부터 고객만족이라는 용어가 널리 사용되기 시작했다. 그러나 당시 미국의 서비스 수준은 매우 낮아 〈타임(Time)〉에서는 미국의 질 낮은 서비스를 특집으로 다룰 정도였다.

이에 미국 정부가 1987년에 국가 차원에서 서비스와 제품의 품질향상을 지원하기 위해 '말콤 볼드리지 국가 품질상'을 제정했는데, 그 심사기준에 고객만족 항목이 30%의 비중을 차지하게 된 것을 계기로 고객만족의 개념이 확실하게 정착되었다. 또한 'MB경영모델'을 제정했는데, 여기에는 고객만족을 경영의 목표로 자리매김하도록 하는 내용이 담겨 있다.

3. 우리나라의 고객만족 경영 추진 현황

우리나라의 고객만족 경영은 1990년대 초 소수의 대기업이 고객만족 캠페인을 벌이면서 관심을 얻기 시작했다. 그룹 차원에서 가장 먼저 LG가 고객만족 개념을 경영에 도입했고, 뒤이어 여러 대기업들이 고객만족 또는 고객가치 경영을 채택했다. 이러한 상태에서 1992년에 조사·발표한 '한국산업의 고객만족도(Korean Customer Satisfaction Index: KCSI)'와 1993

년에 제정된 고객만족대상은 산업계에 이 문제에 대한 관심을 증폭시키는 계기가 되었다. 또한 1998년에는 한국고객만족 경영학회가 창립되어 이 분야에 대한 이론적 뒷받침을 하고 있다.

그러나 초기의 고객만족 운동은 주로 경영이념이나 사훈 등에 고객만족 정신을 담고, 친절운동이나 예절 교육에 중점을 두는 형태에서 크게 벗어나지 못했다. 즉 이런 친절운동은 고객만족 개념을 경영 시스템에 도입하는 전략적 접근이 아니라 접점 개선활동에 그치는 것이었다.

그 후 1990년대 중반 산업계에 보급되기 시작한 BPR(Business Process Reengineering)은 고객 지향적 업무프로세스 구축에 자극제가 되었고, 1990년대 후반기에 IMF를 겪으면서 고객만족 경영의 실천에 있어서 효율성과 경영성과와의 연계성에 관심이 증가되었다. 그 결과 단순한 고객만족에서 고객세분화에 의한 고객지향성 강화와 관계지향성 추구를 통해 관계마케팅을 목표로 하는 접근이 보편화되었다.

또한 고객만족 운동이 영리를 추구하는 기업에 한정되지 않고 대학, 병원 등 각종 비영리조직에도 보급되었으며, 이제는 공공·행정기관 조직에까지 확산되고 있어, 고객만족 경영이 주민만족의 행정 개념으로 확대되고 있다.

앞으로의 고객만족 경영은 기업의 이윤 증대 또는 조직에 대한 지지를 이끌어내는 데 그치지 않고 좀더 거시적인 안목을 갖추어 확산, 발전해야 할 것이다. 즉 비소비자의 권리, 사회와 인간복지에 대한 배려, 생태·환경에 대한 책임의식 등을 장기적인 고객만족 목표로 삼아야 할 것이다.

CS행정 도입의 필요성과 도입방안

김준호 청주대학교 경상대학 교수

최근 인터넷 취업포털 잡 링크가 대학생 6,463명을 대상으로 희망직업을 조사한 결과 공무원이 단연 1위(543명)로 나타났다. 대학생들이 희망하는 직업 1위로 공무원직이 부상한 것이다. 뿐만 아니라 여대생들이 꼽은 배우자감 1위도 공무원이었다. 종전에 인기직으로 꼽혔던 펀드매니저, 프로그래머, 건축가, 동시통역사 등을 모두 제치고 급부상한 것이어서 더욱 눈길을 끈다. 노량진 학원가에도 민간기업을 다니면서 주말을 이용해 공무원시험 준비를 하는 이들이 꽤 있다. 이렇듯 머리 좋은 사람들이 공무원시험에 합격하여 행정의 주체가 되니 국가경쟁력 창출에 큰 도움이 될 것이다. 그러나 현실은 어떤가? 행정서비스 만족도를 측정해 보면 민간기업의 그것과 비교가 되지 않는다.

세기의 변화는 국가의 형태나 운영가치를 바꾸게 한다. 구조도 변하고 기능도 변하며, 운영의 중심 가치와 원리도 바뀐다. 그렇다면 이러한 변화의 근원은 무엇인가? 다름 아닌 생산력의 변화다. 물레방아에서 증기기관의 발명으로까지 생산력이 진보해 왔다면, 21세기 국가경쟁력의 생산원리는 바로 행정서비스의 변화에서 찾을 수 있다. 민주적 정부는 국민에게 봉사하기 위해 존재하며 기업은 이윤을 창출하기 위해 존재한다.

그러나 선진국에서 국민들을 만족시키기 위해 꾸준히 새로운 방범을 탐색해 온 것은 정부가 아니라 기업이었다. 냉전체제가 무너지고 경제 전쟁의 시대가 도래하면서 선진국 정부들은 기업가적 정부로 변모하기 시작했다.

새로운 시대적 환경에 맞추어 정부조직의 구조조정과 지속적인 행정조직의 효율 향상은 이제 선택이 아닌 필수다. 행정혁신의 궁극적인 목표는 고객인 국민과 기업을 만족시키는 일일 것이다.

지금까지 기업은 여러 경제 주체 중에서 국가경쟁력을 향상시키는 데 가장 크게 기여해 온 주체다. 우리나라 기업의 경쟁력 수준은 지속적으로 향상되고 있다. 그러나 정부나 국민 등 다른 경제주체들의 공동보조가 뒷받침되지 않는 상태에서 기업 혼자만의 힘으로 세계 일류가 되는 일은 매우 어려워보인다. 대학이 세계적으로 경쟁할 수 있는 우수한 국민을 공급하지 못하면 기업이 세계 일류가 되기 어렵다. 마찬가지로 정부가 세계 수준의 행정서비스를 제공하지 못한다면 기업이 일류가 되기 어렵다. 국민도 결국은 정부가 관리하는 교육시스템이 키워낸다. 따라서 우리나라 정부의 세계 일류화는 국가경쟁력 향상을 위한 매우 시급한 과제라 할 수 있다. 기업의 입장에서 보면 고객을 만족시키지 못하면 시장에서 퇴출된다는 것은 명약관화한 사실로 인식하고 있다. 그러면 고객만족 행정을 펴는 행정조직의 입장에서 고객이란 행정서비스의 대상인 국민과 기업을 말한다. 국가 경쟁력의 3대 주체인 정부, 기업, 국민별로 고객의 개념과 고객의 요구사항을 정리하면 표로 나타낸 것과 같다.

고객을 만족시키기 위해서는 첫째, 고객 지향적 사고를 가지고 고객이 원하는 것을 정확히 파악해야 한다. 이것은 행정서비스 기능을 재정의하고 설계하는 것이다. 둘째, 모든 구성원이 주체가 되어 고객의 요구를 좀

경쟁력 창출 주체별 고객의 요구

조직	고객(내부/외부)	고객의 요구
정부/지자체	국가/지역	국가/지역 경쟁력 제고
	국민/주민	삶의 질 향상
	기업	유리한 경쟁력 창출 원천 제공
	공무원(내부고객)	보람 있는 직장 · 임금/승진/성취
기업	소비자	좋은 품질, 저렴한 가격, 적시 납기
	주주	높은 배당
	근로자(내부고객)	보람 있는 직장 · 임금/승진/성취
국민	국가/사회	시민의식
	직장	경쟁력 있는 인력

더 충족시켜 주기 위한 지속적인 혁신을 추구해 나가야 한다. 전 구성원이 진심에서 우러나오는 마음으로 고객만족을 추구하도록 하기 위해서는 조직이 구성원의 능력개발에 동기를 부여하고 구성원에 대한 따뜻한 배려를 해야 한다. 그 이유는 조직에서 인정받고, 자신의 존재에 자긍심을 갖는 구성원만이 자신의 직무인 고객봉사에 진심으로 나설 수 있기 때문이다. 행정부의 CS개념 도입은 외부고객인 국민을 위해서 뿐 아니라 내부고객인 공무원을 위해서도 필요하다. CS행정의 궁극적인 목표는 고객인 국민과 기업을 만족시키는 것이다. 그리고 그것은 국가경쟁력 제고로 귀결된다.

기업 차원에서 전사적 고객만족 경영(Total Customer Satisfaction Management : TCSM)을 잘해야 하는 것과 같이 정부에서도 국가적 고객만족 경영(National Citizen Satisfaction Management : NCSM)의 개념이 도입되어 이것이 효율적으로 실천되어야 한다고 본다. NCSM을 정의한다면 '국가 지도자들의 리더십 아래 국민들 삶의 질 향상을 국가경영 최우선 과제로 하고, 이 삶의 질을 향상·유지시켜 나가기 위해 모든 공무원이 참여, 실행하는 종합적인 고객만족 국가운영체계'라 할 수 있다. CS행정의 가장 중요한 요소로 리더십을 들 수 있다. 이 리더십 중에서도 중요한 요소는 국민에게 뚜렷한 미래 비전을 제시하고 희망을 심어주는 일이다. 영국의 토니 블레어 총리는 "창조적이고 온정이 넘치며 옛 영국의 품위 위에 충만한 영국을 건설하자"고 주창하고 "영국은 세계에서 가장 크거나 가장 강한 나라가 될 수는 없어도 가장 살기 좋은 나라가 될 수 있다"는 비전을 제시했다. 독일의 게르하르트 슈뢰더는 자국민에게 "모두가 가지고 있는 힘과 아이디어, 그리고 재능을 사랑하는 조국을 위해 바치는 '주는 국민(giving people)'이 되어 '주는 시대(giving age)'를 창조함으로써 미래를 이끄는 대국을 건설하자"고 독일인의 자부심과 비전을 제시했다. 이처럼 CS행정의 중요한 요소는 바로 CS를 추진할 수 있는 강력한 리더십이다.

다음으로 서비스 기준을 설정하고 지속적인 성과를 측정해야 한다. 선진국의 행정부나 지방 정부들은 끊임없이 고객이 원하는 것을 질문하고, 서비스와 제품의 생산과정을 재설정하는 데 익숙하다. 바로 서비스행정을 도입한 것이다.

그러나 정부에는 이러한 시장원리나 경쟁의 원리가 적용되지 않는 영역이 여전히 존재할 수 있다. 따라서 실질적인 개혁의 성과를 올리기 위해 선진국들은 시장원리의 사각지대에도 고객 지향적 서비스제도를 도입하는 방안으로 서비스 질의 향상을 위한 제반조치들을 도입했다. 명확하고 구체적인 서비스 기준을 설정하여 국민과 공무원이 서비스의 기대수준에 대해 정확히 알 수 있게 된 것이다. 공표된 서비스 기준은 충족시켜야 할 최소한의 기대치다. 성과를 심사하고 내부 성과 목표를 보완하는 중요한 척도를 제공하며, 궁극적으로는 서비스 이용자인 국민의 바람이 반영된다. 이러한 기준 설정은 지속적으로 행정서비스의 성과를 측정하고 적시성과 현실성을 추구해 나감으로써 정부의 자기혁신 과정을 강화, 유지시키는 데 큰 도움을 준다.

또한 행정서비스 기준이 설정되고 공표된 서비스 기준이 의미를 가지려면 서비스 기준에 미달되었을 경우, 어떤 방식으로든 국민에 대한 보상 메커니즘이 있어야 한다.

마지막으로 시스템 혁신이다. 시스템이란 이래라 저래라 하는 것이 아니다. 그렇게 될 수밖에 없도록 만드는 것이다. 행정시스템이 과거 경제개발 단계에서와 같이 각종 계획 및 통제정책을 통하여 산업을 이끌어가기 보다는 시대적 고객의 요구에 맞추어 대부분의 것을 시장원리에 맡기고 더불어 국민들에 대해서 질 높은 서비스를 제공하고 행정능률의 향상을 올릴 수 있도록 해야 한다. 또한 정부의 기능이 축소되어도 정부가 약화되어서는 안 된다. 행정조직이란 하나의 유기체로서 관료조직이 갖는 전형적인 폐단인 무기력과 나태에서 벗어나 좀더 일사불란하고 활력이 넘치며 살아 있는 조직이 될 수 있도록 국민 지향적 강한 조직으로 바뀌어야 한다.

진정한 CS행정은 국민의 바람을 반영한 서비스표준 설정과 평가가 지속적으로 이루어질 때 가능할 것이다.

고객만족 행정, 어떻게 할까?

오진영 한국능률협회컨설팅 상무

고객만족이라는 단어가 일상적인 용어가 된 것은, 1990년대에 들어서면서 물건이나 서비스가 과잉 공급됨으로써 선택의 폭이 넓어진 고객들을 만족시켜야만 다시 선택을 받아 시장에서 생존할 수 있다는 무한경쟁 상황에서의 생존전략에서 시작된 것이다. 하지만 경쟁체제하고는 거리가 먼 행정 분야에서 고객만족이라는 의미는 약간 다른 관점에서 해석되어야 한다.

경제성장과 민주화에 따른 국민들의 의식변화로 인해, 과거의 관리하고 집행하는 통제 위주, 공급자 위주의 행정에서 지금은 국가발전과 주권자인 국민의 생활편익 증진을 위해 보살피고 지원하고 서비스하는 수요자 위주의 행정으로 행정기관의 미션 변화가 요구되고 있다. 즉 모든 행정의 목표가 위탁자인 국민을 만족시키는 것으로 귀결되어야 한다는 것이다. 잘못된 점을 단속하고 통제하는 것 또한 사회질서를 확립시킴으로써 다수의 국민들을 보호하고 안녕을 지키기 위한 수단이라는 고객만족의 개념으로 집행되어야 한다.

민간기업의 고객만족 경영의 목표가 만족한 고객들의 재구입을 통한 이윤창출이라면, 행정기관의 고객만족 목표는 정책품질과 행정서비스

만족, 그리고 공공의 이익에 기여하는 사회적 만족을 통해 국가발전에 공헌하고 국민들로부터 신뢰받는 기관이 되는 것이라 할 수 있다.

고객만족이란?

몇 해 전 모 부처 간부 연찬회에서 '고객 중심의 업무혁신'을 주제로 조별 실천과제를 도출하는 워크숍을 진행한 적이 있다. 그런데 시작하고 얼마 되지 않아 한 고위 간부로부터 "우리에게 고객이 있습니까?" 하는 이의성 질문을 받았다. 즉 우리 부처는 각 기관에서 요구하는 사항을 심의하고 조정하고 감독하는 업무를 하는 곳이지, 민간에서 말하는 것처럼 장사를 하기 위해 손님에게 서비스하듯이 할 수는 없다는 논리였다. 황당하면서도 일면 무슨 말을 하려는지 이해가 되었다. 결론부터 말하자면 지금 그 부처는 고객 지향적으로 업무를 개선하기 위해 노력하고 있다.

일반적으로 민간에서 고객을 정의할 때는 가치생산자인 내부고객, 가치전달자인 중간고객(대리점, 소매점 등), 가치구매자인 최종소비자로 나누는데, 행정부처의 고객도 같은 개념에서 행정 가치를 생산하는 내부고객, 전문기관이나 관련 단체와 같은 영향고객, 해당정책의 대상기관이나 개인과 같은 수요고객, 그리고 일반 국민과 같은 공익적 고객 등으로 분류할 수 있다.

고객만족을 논하기 위해서는 고객에 대한 정확한 정의가 이루어져야 하는데, 일반적으로 행정부서에서는 우선 민원인을 고객으로 정의하는 경우가 많다. 그러나 중앙부처는 말할 것도 없고 지방자치단체와 같이 주민 접점이 많은 곳에서도 민원인은 전체 주민의 1% 내외라고 할 수 있다. 나아가 제주도와 같은 경우는 민원인, 일반 주민에 앞서 제주도를 찾는 방문객이 행정기관의 가장 중요한 고객이 되어야 한다. 제주도청의 사명이 지역을 발전시키고 주민들의 행복하게 만들어주는 것이라면 관광사업 의존도가 60%가 넘는 제주도의 경우 한번 찾은 방문객들이 다시 오고 싶은 곳으로 만들기 위해 행정기관이 중심이 되어 고민해야 할 과제가 너무도 많다. 즉 방문객들을 고객으로 보는 도청직원들의 의식 전환이 필요한 것이다

또한 만족이란 기대 대비 서비스 결과에 대한 고객들의 평가다. 과거에 비하면 행정서비스나 정책품질 등에서 엄청난 변화와 개선이 이루어진 것이 사실이다. 그러나 개선결과에 비해 기대 수준이 훨씬 더 커져서 서비스는 좋아졌는데, 민원은 몇 배로 늘어난 것도 사실이다. 그래서 '고객만족에는 Best가 없고 Better만이 있을 뿐'이라는 말이 있다. 품질이나 서비스가 올라가면 상대적으로 기대가 오르므로 서비스를 개선해 놓고도 고객을 잃는 민간기업을 흔히 볼 수 있다.

따라서 고객의 입장에서 요구 수준을 파악하고 그들의 기대 수준을 어떻게 충족시킬 것인가를 부단히 고민하고, 경우에 따라 고객이 오해하거나 무관심할 경우에는 설명하고 알리는 활동 또한 중요한 혁신과제 가운데 하나라고 할 수 있다.

CS행정혁신 추진방안

참여정부 행정혁신의 특징은, 혁신추진 동력을 확보하고 전원 참여형의 실천과 그 활동성과를 확인하고 시스템화하며 변화관리 개념을 도입한

체계적이고 지속적인 추진을 지향하고 있다는 점을 들 수 있다.

고객만족 행정이 일선 접점부서의 친절 캠페인으로 끝나지 않기 위해서는 고객 중심의 비전을 공유하고 그에 따른 실천전략을 수립하는 Visioning 작업이 있어야 한다. 또한 기관장의 관심과 역할 속에 CS추진 조직이나 인력을 정비하는 CS혁신 추진동력 확보, 고객 중심적 정책품질관리, 프로세스 최적화, 접점 서비스 개선, 고객관리 시스템구축에 이르는 활동전개도 염두에 두어야 한다 이 같은 일련의 Plan-Do-See의 혁신 사이클을 고려한 체계적인 추진전략을 수립하고 실행해야 한다.

그러나 아무리 체계적인 방법론을 도입하더라도 과거의 실패사례에서 보듯이 혁신은 방법을 몰라 못하는 것이 아니라, 필요성의 공유와 참여 의지가 부족하면 성공할 수도 없고 설사 약간의 성과가 나더라도 지속될 수 없다는 점을 유념해야 한다. GE의 사례를 보면 혁신에 성공한 프로젝트는 100% 좋은 방법론을 가지고 있었고, 실패한 프로젝트의 98%도 좋은 방법론을 가지고 있었다고 한다. 혁신은 방법도 중요하지만 그것을 수행하는 조직원들의 의지와 문화가 성패를 좌우함을 의미한다. 더욱이 CS행정의 경우에는 CS마인드의 함양이 가장 중요한 성공의 관건이 될 것이다

간혹 정책입안 부처의 경우 전국민이 서비스 대상이기 때문에 그들에게 체감을 주는 활동을 찾아서 전개하기가 어렵다는 이야기를 하는데, 중요한 것은 모든 업무에 있어 고객을 의식하고 임한다는 것, 즉 정책을 입안하거나 집행을 하거나 관리를 하거나 모든 일에 있어 고객 중심의 사고를 가지고 임하는 것이 중요하다.

VTR 생산 공장에서 하루종일 작업표준서대로 납땜을 하는 파트타이머 아주머니들에게 고객만족을 이야기하려 들면 황당할 것이다. 하지만

자신의 작업이 잘못 되었을 경우에 발생하는 화면의 노이즈나 비디오 테이프의 끼임 현상 등을 직접 눈으로 확인시키고 다시 작업하도록 지시하면 불량률이 현격히 줄어든다는 이야기를 들은 바 있다. 이는 자신의 작업이 고객들의 편리한 생활에 크게 기여함을 인식하고 나면 작업의 완성도가 높아진다는 말이다.

혁신은 새로운 일을 해야만 하는 것이 아니라 지금하고 있는 일의 가치를 높이기 위해 제대로 하는 것이라는 말이 있다. CS행정은 주어진 일을 제대로 하여 성과를 내는 것에서 한걸음 더 나아가, 그러한 노력의 대가로 고객들에게 편의와 행복을 베풀 수 있다는, 즉 공직자 스스로가 삶의 가치를 높이는 활동이라는 점에서 혁신의 궁극적인 지향점이라 할 수 있을 것이다

민간과 외국 지방정부의 CS경영 사례분석과 시사점

강병서 경희대학교 경영대학 교수

1. 고객만족의 지방행정을 위하여

모든 조직의 목적은 가치창출이다. 조직은 제품이나 서비스를 제공함으로써 가치를 창출한다. 고객은 이 가치를 경험함으로써 만족감을 얻을 수 있다. 고객만족(CS)이란 제품이나 서비스를 이용함으로써 얻어진 결과로부터 사전의 기대감이 충족된 정도를 말하며, 나아가서 재구매하고 타인들에게 추천하려는 마음이 들도록 하는 즐거운 경험 상태를 말한다. 고객만족 경영은 기업이 고객들에게 가치를 제공하여 그들을 만족시키기 위해 계획, 조직화, 지휘, 통제 등의 활동을 포함하는 일련의 프로세스다.

그러면 행정도 민간기업과 같이 CS경영이 가능한 것인가? 전형적인 서비스 가운데 하나인 지방행정은 안전함, 여유로움, 안락함 등을 거주자, 산업종사자, 방문자들에게 제공할 수 있어야 한다. 서울의 경우, 부분적이지만 청계천 지역을 성공적으로 복원함으로써 생태적 및 관광적인 측면에서 서울주민의 만족감을 높이는 데에 기여했다. 그리고 국제적인 대도시가 아니더라도 중소도시나 농어촌 지역도 국제적인 수준의 경쟁력 있는 지역으로 거듭날 수 있다. 이를 위해 지방행정은 살 만한 가치를 제공할 뿐 아니라, 죽을 만한 가치도 제공할 수 있어야 한다. '살아서 진천, 죽어서 용인'이라는 옛말은 지방행정이 가치를 창출하기 위하여 어떤 일을 해야 할 것인가를 암시해 준다.

2. 민간 부문의 고객만족 경영사례 : KTF

KTF는 이동통신업계에서 가장 빠르게 성장하는 기업 중 하나다. 창립 3년 만에 가입고객 900만 명을 돌파하고, 2005년 현재 1,200만 명이 넘는 가입자가 KTF의 서비스를 이용하고 있다. KTF는 비록 이동통신업계에서 2위에 머물러 있지만, "고객에게 유익한 정보통신 서비스를 언제, 어디서나, 원하는 모든 형태로 제공함으로써 인류의 삶을 자유롭게 한다"라고 선언하면서, 최고의 자리를 지향하는 비전을 갖고 있다.

KTF가 CS경영 전략으로서 추진하고 있는 '굿타임 경영'의 목적은 고객이 KTF를 만나는 순간 '최고의 시간, 만족스런 경험'을 갖도록 하여 행복한 삶이 되도록 만들겠다는 것이다. 이것은 고객이 기대하는 이상의 특별한 경험을 제공하는 고객 중심 경영이다. '굿타임 경영'은 최고경영자를 포함한 KTF의 전 임직원이 함께 추진하고 있다. 굿타임은 KTF의 경영방침이며, 따라서 기업 슬로건도 'First in mobile'에서 'Have a good time'으로 바뀌었다. 최고경영자는 단순한 관심의 자리에서 행동적인 참여의 자리로 이동하면서, 그 명칭도 CEO가 아니라 CSO(Customer Satisfaction Officer)로 바꿨다.

기존의 고객만족 캠페인은 회사가 일방적으로 고객을 위해서 무엇인가를 하겠다는 선언적인 측면의 'We(회사) can do for you(고객)' 형의 추진이었다면, '굿타임 경영'은 고객이 만족하여 자발적으로 느끼는 감정의 표현인 '굿타임＝최고의 경험'을 나타내는 것처럼, 'You(고객) can do with us(회사)'라는 고객 중심적 생각으로 추진된다. 일을 추진하는 데 있어 항상 상대방(고객)의 입장에서 생각하고 추진하자는 것이다. 최근의 굿타임 CS경영은 NCSI(National Customer Satisfaction Index)에서 1위를 차지하는 우수한 성과를 보여주었다.

3. 해외 지방정부의 고객만족 행정사례 : 프랑스 릴

프랑스 북부 노르(Nord)에 위치한 인구 20만의 주도(主都) 릴(Lille)은 옛 역인 릴−플랑드르와 새 역인 릴−유럽 사이에 있던 황무지 땅에 1994년 새로운 문화복합공간을 세워, 단순히 갈아타는 역에서 머무르고 싶은 역으로 탈바꿈해 명성을 얻고 있다. 이 문화공간에 상가, 아파트, 사무실, 학교 등이 들어서고, 릴은 파리, 런던, 브뤼셀 등에서 몰려온 쇼핑객으로 북적거리는 국제도시가 되었다.

　과거 이 도시는 광업과 직물의 주산업을 갖고 있었으나, 점차 경쟁력을 잃어버리게 되었다. 이를 만회하기 위해 저임금 외국인 노동자를 유입했으나, 도시 경제는 나아지지 않았고, 외국인들과 기존 주민들 간의 갈등이 커지면서 도시는 희망이 없어 보였다. 그러나 1973년부터 28년간 재임한 피에르 모로아 시장은 도시의 사명을 '환승지에서 목적지'로 바꾸고, 프랑스 북부에서 '가장 멋있는 문화도시'가 될 것이라는 비전을 제시하면서, 전략적 선택으로 철도를 개발했다. 인접 세 수도(파리, 런던, 브뤼셀)를 연결하는 허브 도시로 태어나기 위해 생긴 새로운 역사(驛舍)가

릴-유럽이지만, 민관합자회사인 유라릴-메트로폴리스는 두 역 사이의 1만 5,000여 평의 공간을 개발했다. 이 회사는 건축전문가들을 초빙해 유라릴 쇼핑센터의 건물 디자인 대신에 도시 관점의 사명과 비전을 수립할 것을 요청했다. 유라릴은 단순히 철도역을 개발하는 것이 아니라 도시 전체 관점의 철학과 사상을 갖도록 하는 전략을 수립했다. 이 새 상가에 입주하려면, 도심의 기존 상가를 철수하지 않는 조건을 지키도록 하여 도시 전체를 살리는 데에 성공했다. 그리고 건물의 질적 수준을 높여서 고급 쇼핑 공간이 되도록 했다.

릴 기차역에 도착한 사람들이 화려하고 우아한 유라릴 상가를 걸어다니다가 자연스럽게 도시 내부의 문화공간으로 들어가도록 했다. 릴은 점차 환승지에서 목적지로 변화해 갔다. 도시 남쪽의 빈 맥주공장과 직물공장은 주민들을 위한 음악전시회가 열리는 문화공간으로 탈바꿈했다. 철도는 릴 도시의 동맥에 피를 흐르게 했고, 시민의 참여는 명실상부한 문화도시로 태어나게 했다. 그 결과 릴은 제노바와 함께 2004년 유럽문화도시로 지정받는 명성을 얻었다.

4. 시사점

지금까지 두 사례를 살펴보았다. 하나는 우리나라 기업의 경영사례이며, 다른 하나는 프랑스 소도시 릴의 행정사례다. 상이한 서비스를 제공하는 두 사례에서 성공적인 CS경영의 공통점을 찾으면 다음과 같다.

첫째, 성공적인 CS경영을 위해서는 CEO(사장 또는 시장)의 탁월한 리더십이 필요하다. CS경영은 리더십 플랫폼 아래에서 발휘된다. 이 플랫폼은 고객지향적인 메시지의 사명과 비전으로 구성된다. 사명은 기업 또는 지역의 가치창출 목적을 나타내는 것으로서, KTF는 'mobile life parter' 가 되는 것이며, 릴은 주민이나 여행객을 위한 '삶의 목적지'가 되는 것이다. 그리고 비전은 모두 최고를 꿈꾸는 것이다. 사명은 고객관점에서 세워져야 하고, 비전은 명쾌한 사상으로 사업전개 방향을 제시하며, 장기적인 관점에서 시장을 보아야 한다.

둘째, 성공적인 CS경영은 관련된 사람 전원의 이해와 참여를 요구한다. 만일 KTF가 CS경영을 고객콜센터에 국한하여 불평고객을 서비스하는 정도에 그치고 릴 시가 단지 역세권 지역 개발에 국한시켰다면, 성공사례가 되지 못했을 것이다. 모든 사원 또는 모든 주민이 참여하고 행동함으로써 각각 기업가치와 지역가치를 창출할 수 있었던 것이다.

셋째, 성공적인 CS경영에는 문화가 있다. 문화는 기업이나 지역에 관계된 모든 사람의 몫이다. 즐겁고, 신뢰와 존경이 있는 조직문화는 기업이나 지역을 지속적으로 발전시킨다. CS경영이 고객지향적인 것이라고 하지만, 그것을 수행하는 주체 조직이 문화적 감각과 예술적 감각이 없으면 실패하고 만다. 이 속성은 고객관계에서 중요한 감정이입의 수단이 되기 때문이다. 조직의 지속적 성장에는 고객도 중요하지만, 더 중요한 것은 고객관계다. 왜냐하면 긴밀하고 친밀한 고객관계에서 가치가 창출되기 때문이다.

정부혁신과 CS행정, outside-in의 사고방식이 중요하다

권영설 한국경제신문 가치혁신연구소장

혁신과 고객만족 경영을 별개로 생각하는 사람들이 많다. 그러나 결론부터 말하면 혁신과 고객만족 경영은 밀접하게 연관돼 있다. 혁신은 '진정한 의미의' 고객만족 경영이라고 보면 된다.

정부 혁신과 고객만족 행정의 관계를 구명하기 위해 먼저 고객만족 경영부터 살펴보자. 고객만족 행정의 이론적 토대가 된 고객만족 경영은 사실 그 내용이 제대로 알려져 있지 않다. 많은 이들이 잘못알고 있다는 얘기다. 고객만족 경영에 대한 가장 심각한 오해는 바로 '친절 서비스'로 보는 태도다. 특히 일본에서 고객만족 경영을 친절 중심으로 해석해 '고객감동경영' 심지어 '고객졸도경영'이란 용어로 유행시키면서 이런 오해는 그 골이 더욱 깊어졌다. 90도로 인사하기 연습을 하고 전화응대 요령을 매뉴얼로 만들고 하는 것은 고객만족 경영을 '친절'로만 해석한 결과로 볼 수 있다.

그러나 고객만족 경영은 이와는 거리가 멀다. 고객만족이란 단순히 고객에게 서비스를 잘 해주는 것이 아니라 기획 단계에서부터 제조, 유통, 판매, 애프터서비스 등 회사의 모든 부문에서 고객가치를 최우선으로 하는 사고 및 행동방식이다. 고객이 원하는 것을 미리 찾아내 그것을 만들고, 고객이 받고 싶은 서비스를 알아내 그것을 제공하는 것이 고객만족 경영이다.

그렇다면 공직 사회에서 고객만족 행정은 어떻게 실천해야 하는가. 지금처럼 친절하게 모든 시민을 대하는 것 말고 무엇이 필요할까. 대민 부서는 물론 친절해야 한다. 그러나 시민들이 원하는 것은 미소 짓는 얼굴, 친절한 인사말 이상이다. 말뿐인 친절이라면 아무 소용없다. 서류를 떼러 관공서를 찾은 사람이 원하는 것은 무엇일까? 빨리 원하는 서류를 발급받는 것이다. 무뚝뚝하게 대해도 가장 빨리 서류를 찾아 그 사람이 다음 일을 볼 수 있게 해주는 것이 진정한 친절이요, 고객만족이다. 눈으로, 말로는 친절하게 인사하지만 일은 느릿느릿하게 한다면 오히려 '배반감'만 쌓이고 불신만 깊어간다. 그러니까 공직사회의 고객만족 경영은 무엇보다 중요한 것이 고객들, 즉 국민과 시민이 원하는 행정서비스가 무엇인지를 찾아내는 것이다.

이때 정말 필요한 것이 국민과 시민의 입장에서 출발하는 '밖에서부터 안으로(outside-in)'의 사고방식이다. 우리가 과거에 해오던 방식을 열심히 개선하는 것으로는 부족하다. 그것이 고객이 원하지 않는 것이면 오히려 짐이요 국가적인 자원의 낭비가 될 것이기 때문이다.

고객이 진정으로 원하는 것이 무엇이냐를 찾는 노력과 함께 필요한 것이 '과연 우리의 고객이 누구인가?'를 묻는 것이다. 매일매일 접촉하는 사람만이 고객이라고 생각하면 오해다. 우리의 행정서비스를 기다리는, 또는 우리 서비스의 대상인데도 아직 고객으로 대접받지 못하고 있는 집단이 있지 않을까 고민해 봐야 한다.

전통적으로 고객은 세 종류가 있다. 첫째 돈을 직접 내는 구매자, 둘째 물건이나 서비스를 직접 쓰는 사용자, 그리고 마지막으로 이들의 구매에 영향을 미치는 영향력자 등이다. 어린이용 감기약을 예로 들면 구매자는 어머니요, 사용자는 어린이이며, 영향력자는 의사와 약사라고 할 수 있다. 어느 하나 소홀히 대할 수 없는 고객이다.

이 가운데 대부분 직접 만나게 되는 사용자만 신경 쓰는 경우가 많은데 이는 잘못된 시각이다. 직접 우리 서비스를 사용하지 않더라도 세금을 내는 모든 국민은 구매자로서 고객이다. 그들이 정부와 공공서비스에 만족하지 못한다면 고객만족 행정이 실패하는 것이다. 그러니 나라 경제가 잘되고 사회가 발전하는 정책을 만드는 것 자체도 구매자들이 원하는 것을 충족시키는 고객만족 행정의 일종인 것이다.

영향력자는 누구일까. 여러 종류의 영향력자가 있지만 입법부인 국회를 먼저 생각할 수 있다. 아무리 국민을 위한 좋은 정책이라 할지라도 법으로 만들어 시행할 수 없으면 헛일이기 때문이다. 국회가 '흔쾌히' 입법할 수 있는 정책을 만드는 것도 마찬가지로 고객만족 경영이다.

고객만족 행정이 이렇게 복잡한 것 같지만 사실 그리 어려운 것은 아니다. 이제까지의 '우리' 중심의 관행을 '고객', '시민' 중심의 시각으로 바꾸면 된다. 그 방향은 앞에서 얘기한 것처럼 '혁신'에서 찾으면 된다. 혁신의 원래 의미는 '시장이 원하는 새로운 상품, 서비스, 방법론을 제공하는 것'이다. 시장이 원하는 것은 고객이 원하는 것이요, 수요가 있거나 있을 가능성이 높은 것이요, 만족되면 우리 상품이나 서비스, 방법론에 대한 고객들의 반응이 높아지는 것이다.

그래서 혁신을 한마디로 요약하면 회사나 조직의 입장에서가 아니라, 시장과 고객의 입장에서 가치 있는 새 상품, 새 서비스, 새 방법론을 개척해서 제공하는 것이다. 혁신을 이렇게 정의할 때 무엇보다 중요한 것은 바로 고객의 입장에 서는 자세다. 회사가 아니라 고객 중심이 될 때

회사가 하는 활동은 시장에서 먹히는, 즉 혁신적인 활동이 될 수 있는 것이다.

정부의 경우는 어떤가. 시장에서 매일매일 승부하는 것이 아니기 때문에 혁신이 어려울까, 아니면 비교적 중장기적 비전에 입각해 운영되는 안정적인 조직인 만큼 오히려 혁신에 유리할까. 사실은 하기에 달렸다. 한정된 예산 때문에 또 변화에 느린 문화 때문에 더욱 지체될 수도 있지만, 오히려 경쟁자를 생각지 않고 전혀 새로운 것을 시도할 수 있다는 면에서는 유리한 점도 적지 않다.

혁신 연구가들은 공공부문 혁신의 대표 사례로 뉴욕 경찰청을 꼽는다. 치안 면에선 최악의 도시로, 살인강도 등 중범죄 발생률이 극도로 높았던 1990년대 중반 뉴욕경찰청장으로 부임한 윌리엄 브래튼의 혁신사례를 시민 입장에서 새롭게 공공서비스를 개척한 사례로 보는 것이다.

브래튼의 성공 사례는 가치 혁신론의 창시자인 김위찬 교수와 르네 마보안 교수가 '급소 경영(Tipping Point leadership)'으로 명명해 2005년 가을 미국에서 열린 세계 전략대회에서 공식 발표하기도 했다. 급소경영에 따르면, 조직을 혁신할 때 나타나는 네 가지 장애물이 있다. 인식의 장애, 한정된 자원의 장애, 동기유발의 장애, 정치적 장애 등이다. 브래튼이 이 장애를 어떻게 극복했는지를 살펴보면서 고객만족 행정의 방향을 찾아보자.

인식의 장애는 "또 변화야? 또 혁신이야?" 하는 부정적 인식이다. 한정된 자원의 장애는 "돈도 주지 않으면서 어떻게 혁신을 이루라는 말이냐"는 식의 반발을 뜻한다. 동기유발의 장애는 "누군가 나서기 좋아하는 사람이 알아서 하겠지" 하는 반응이 대표적인 예다. 끝으로 정치적 장애는 혁신을 추진하는 사람들에 대한 집단적인 따돌림 같은 것을 들 수 있다.

영리기업이든 정부기관이든 공기업이든 정도의 차이가 있을지는 몰라도 이런 장애가 나타나게 마련이다. 이런 장애를 넘어서지 않으면 고객지향적인 조직으로의 변화, 즉 혁신이 이뤄지지 않는다. 김위찬 교수와 르네 마보안 교수가 제시하는 해결책은 다음과 같다.

우선 인식의 장애에 대해서는 통계로 설명할 것이 아니라 '충격적인(harsh) 현실'을 직접 종업원들이 목격하게 해야 한다. 브래튼은 지하철에서 별 사건이 안 일어난다며 경시하는 간부들에게 지하철을 타고 출퇴근하도록 하여 시민들이 정말로 뭘 원하는지 체험하고 보게 했다.

한정된 예산의 장애는 '저투입 고성과 영역(hot spot)'에 집중하는 것이 해결책이다. 혹시 이제까지 해오던 일, 그것도 수십 년 동안 계속 해오던 일 가운데 별 성과도 없는데, 시간과 인력과 돈을 낭비하는 부문은 없는지를 반성하고 거기에 있던 자원을 저투입 고성과 영역으로 옮기는 일이다. 브래튼의 경우는 경찰 입장에서 중시하는 살인, 강도, 마약 등 중범죄 소통작전이라는 예전의 것을 버리고 경범죄 단속 중심으로 경찰조직을 바꿨다. 중범죄는 경찰 입장에서 보면 중요한 것이지만 시민 입장에서는 매일 만나는 소매치기 깡패 등을 싫어하고 무서워한다는 사실을 알았기 때문이다. 똑같은 예산을 쓰면서도 자원과 인력을 시민(고객) 중심으로 바꿔가는 과정에서 혁신이 자연스럽게 이뤄졌다.

이 밖에 동기유발 장애는 조직 내에 '자연스럽게 형성된 리더', 즉 혁신 마인드를 가진 간부들을 앞장서게 하고, 정치적 장애는 실력과 명분을 믿고 정면 승부를 걸기 보다는 내외부 우회세력들의 도움을 받아가며 우회적으로 극복하라는 조언을 담고 있다. 브랜튼이 부임한 이후 3년 만에 뉴욕 시에서는 중범죄율이 39% 하락했고, 특히 살인사건이 50%나 줄었다. 경찰 신뢰도는 37%에서 73%로 높아졌다. 경찰의 직업만족도도 사상최고치를 경신했고 마침내 브래튼은 시사주간지 〈타임〉의 표지인물로 선정됐다. 그의 성공 비결은 바로 고객 중심의 시각이었다. 시민들이 원하는 것이 무엇인지를 알았기 때문에 그의 혁신은 성공한 것이었다.

정부의 혁신이 중요한 이유는 그 영향력 때문이다. 기업들은 영리추구가 유일한 목적이지만 공기업을 포함한 공공 부문은 사회 전반의 발전을 목표로 일해야 하는 사명이 있다. 더군다나 국민의 세금으로 운영되는 조직인 만큼 하는 일이 효과적이고 일을 수행하는 과정이 효율적이어야 한다는 당위도 있다.

혁신이 그 조직의 '상품'이나 '서비스'를 이용하는 고객들에게 새로운 가치, 더 많은 가치를 주는 일이라면 그 구체적인 방향은 사실 조직 내부의 사람들이 가장 잘 안다. 다만 한발 떨어진 시각을 갖는 일은 중요하다. "혹시 우리가 하는 일이 고객(시민, 국민)을 위한 것이 아니라 오래된 관습처럼 우리끼리 중요하다고 생각하는 일을 하고 있는 것은 아닐까" 하는 반성이 있어야 하는 것이다.

이건 결코 쉬운 일이 아니다. 항상 고객을 생각하는 자세를 갖고 모든 구성원이 그 방향에서 창의적인 아이디어를 내놓으려고 선의의 경쟁을 벌일 때 혁신은 달성될 수 있다. 변화의 방향은 그러니까 고객을 지향한 혁신이어야 옳다.

CS 추진 과정의 저항 및 장애 극복방안

홍석배 KT CV 기획부장

전 클린턴 행정부에서 국민을 위한 고객만족 경영을 도입하기 위해 "정부는 기업이요, 국민은 고객이므로 정부도 고객만족 경영을 해야 한다"고 강조하며, 계층적 관료 조직을 중심으로 안정성과 예측 가능성을 강조하던 전통적 행정보다는 시장논리, 민영화, 시민의 선택권 부여, 기업가적 리더십 등에 바탕을 둔 포괄적이고 개혁 지향적인 의미를 지닌 국가경영(governance)의 개념을 주장한 바 있다. 최근에 와서는 이러한 고객만족 개념의 국가운영 필요성이 전세계적으로 인식되고 있으며, 대한민국 정부 또한 동일한 맥락에서 중앙부처를 중심으로 '국민 모두가 행복해지는 그날까지'란 구호 하에 '변화와 혁신'을 적극 추진하고 있다.

특히 이윤 극대화를 추구하는 민간기업들이 오랜 시행착오를 경험하면서 지금까지도 새로운 니즈를 찾아 고객 중심 경영을 추구하는 이유는 더 이상 선택이 아닌 기업생존의 유일한 수단이기 때문이다. 국민의 안녕과 행복을 책임지고 있는 정부도 예외일 수 없다. 대한민국 정부의 존재가치를 찾고 국민과 함께 하는 공공 서비스 정착과 함께 신뢰받고 존경받는 정부의 모습을 기약하기 위해서는 업무처리 과정에 있어서 고객 중심으로의 사고 전환이 절대적이라 할 수 있다.

그러나 고객만족 경영을 추진하는 조직은 공공 부문이나 민간기업을 막론하고 대부분의 경우에 수많은 장애 요소를 경험하면서 기존 구성원들의 저항에 직면하게 된다. 이는 CS 활동이 과거 1970년대 경험했던 친절 또는 스마일 차원의 단순한 운동이 아니라, 자기 스스로를 변화시키는 것에서부터 시작하기 때문이다. 고객은 사람이고 그 사람의 마음을 만족시키기 위해서는 조직 구성원 개개인이 기존의 안이한 사고와 관행의 틀에서 과감하게 탈피하고자 하는 혁신적 노력이 우선되어야 한다.

그러나 이 세상에 변화를 좋아하는 사람은 흔치 않다. 우리나라의 대표적인 민간기업들도 CS도입에서 정착까지 수많은 시행착오를 거듭하면서 부단히 장애에 부딪혀왔다. 국내 유일의 종합 통신 사업자인 KT의 경우에도 과거 100년의 전통적인 기업문화에서 경쟁시대의 새로운 100년을 준비하면서 최우선의 선결과제로 '고객감동 경영'을 정하고, 전직원이 일치단결하여 문제점을 찾아 제거하기 위한 노력을 게을리하지 않았으며 지금도 CS 개선활동을 지속적으로 추진하고 있다.

이와 같은 경험을 통해 터득한 저항 극복과 성과 극대화를 위한 몇 가지 방법을 소개한다. 이들 방법은 조직문화와 업무성격, 그리고 고객 특성에 따라 다소 차이가 있을 수는 있으나 기본 틀에 있어서는 활용하는 데 큰 무리가 없을 것으로 판단된다.

첫째, CS를 추진하고자 하는 최고 관리자의 추진의지와 강한 리더십이 절대적으로 필요하다. 모든 구성원이 고객 중심 사고로 전환하도록 수시로 메시지를 전달하고 조직 분위기를 형성하며, 실무부서에 충분한 권한을 부여하는 것은 관리자의 역할이기 때문이다. 뿐만 아니라 관리자의 관심은 도입과정에서 흔히 일어나는 구성원의 저항과 불만의 수위를 낮추는 데 매우 효과적이기도 하다.

둘째, CS 추진의 필요성에 대한 조직 구성원들의 공감대 형성과 이해가 중요하다. 조직활동에 있어서 개인의 불만은 일에 대한 방향성과 필요성에 대한 이해부족에서 비롯되는 경우가 많기 때문이다. 이를 위해서는 일시성 또는 1회성 행사가 아닌 지속적이고 반복적인 교육과 함께 홍보물 또는 슬로건 등을 개발하여 활용하는 것이 필요하다.

셋째, CS 추진에 필요한 각 구성원의 역량을 개발해 주어야 한다. 추진과정에서 각 개인이 열심히 하고자 하는 의지가 있다고 해도 구체적인 실행방법을 알지 못하면 스트레스 받게 되고 결국은 불만과 저항으로 이어질 가능성이 높다. 따라서 각 부서 또는 기능별 역할을 명확하게 하고, 가능한 범위 내에서 대응방법을 표준화하는 것이 중요하며, 각 개인에 대한 역량을 개발해 주어야 한다.

넷째, 추진 노력과 성과에 대한 채찍과 보상 장치를 마련해야 한다. 각 개인의 성과에 따른 보상과 책임이 수반되지 않으면 결과에 대한 무관심과 추진의욕 상실로 지속적인 노력을 기대할 수 없게 될 것이고, 결국은 CS 활동이 실패할 수밖에 없다. 내가 고객의 입장에서 열심히 역할을 수행하면 어떤 대가를 기대할 수 있고, 잘못하면 무엇이 기다리고 있는지를 인식하도록 할 필요가 있다.

다섯째, CS 추진실태에 대한 수시 모니터링과 피드백이다. 각 부문별로 역할을 수행하면서 제대로 잘하고 있는지 또는 미흡하거나 개선되어야 할 사항이 없는지를 항상 확인하고 피드백하지 않는다면 더 이상의 발전을 기대할 수 없다. 이는 무엇을 어떻게 체크해서 각 개인이나 부문에 피드백 할 것인지를 사전에 정의해야 하며, 각 개인이 업무수행 과정에서 중점적으로 관심을 가져야 할 사항을 주지시키는 역할을 한다.

　이상의 방법은 CS활동의 추진 과정에서 발생할 수 있는 구성원의 저항과 불만을 최소화하기 위한 관리방법이라고 할 수 있다. 조직 측면에서 극복해야 할 또 하나의 과제는 부서 간 이기적이고 배타적인 사고를 타파하는 것이다. 책임과 역할에 대한 떠넘기기 식의 태도는 원활한 업무협조 또는 지원을 어렵게 하여 업무 효율성을 저하시킬 뿐 아니라 고객의 불만을 야기하는 주요인이기도 하다. 이는 고객 우선주의에 대한 내부 인식 제고와 CS 성과에 대한 공동책임으로 어느 정도 해결될 수 있다.

　'변화'는 태생적으로 저항을 내재하고 있으며, 다소 부정적인 저항이 부담스럽게 생각될 수도 있으나 조직의 생존을 위해 반드시 거쳐야 할 과정이다. 변화가 지향하는 목적지와 방향이 올바르다면 다소 저항과 무리가 따르더라도 자율적이고 강제적인 방법을 적절히 활용하여 반드시 극복해야 한다. '한 사람의 열정이 세상을 바꾼다'는 말이 있듯이 일부에서 추진되고 있는 현 변화의 노력이 국민과 함께하는 대한민국 정부의 모습으로 재조명되기를 바란다.

　비능률적 업무처리, 투명성의 부족, 권위주의, 정부 중심의 국정운영, 공공 서비스 정신 결여 등 정부에 대한 부정적 시각에서 자유로울 수 있는 그날을 위해서 혁신의 수위와 강도를 높여가는 것이 필요할 것이다. 21세기 대한민국의 밝은 내일을 기약하면서 국민들과 함께 하는 CS 대한민국 정부의 모습을 기대해 본다.

우리는 행복 바이러스를 꿈꾼다

엮은이 | 행정자치부
펴낸이 | 김경태
펴낸곳 | 한국경제신문 한경BP

제1판 1쇄 발행 | 2006년 6월 30일
제1판 2쇄 발행 | 2006년 7월 25일

주소 | 서울특별시 중구 중림동 441
기획출판팀 | 3604-553~6
영업마케팅팀 | 3604-561~2, 595 FAX | 3604-599
홈페이지 | http://bp.hankyung.com
전자우편 | bp@hankyung.com
등록 | 제 2-315(1967. 5. 15)

ISBN 89-475-2575-8
값 9,000원